现代高校体育教学实践与科学训练方法研究

冯 超 王雷涛 ◎ 著

吉林大学出版社

·长春·

图书在版编目（CIP）数据

现代高校体育教学实践与科学训练方法研究 / 冯超，王雷涛著 . -- 长春：吉林大学出版社，2023.6
　　ISBN 978-7-5768-2171-0

　　Ⅰ. ①现… Ⅱ. ①冯… ②王… Ⅲ. ①体育教学—教学研究—高等学校 Ⅳ. ① G807.4

中国国家版本馆 CIP 数据核字（2023）第 188281 号

书　　名	现代高校体育教学实践与科学训练方法研究 XIANDAI GAOXIAO TIYU JIAOXUE SHIJIAN YU KEXUE XUNLIAN FANGFA YANJIU
作　　者	冯　超　王雷涛　著
策划编辑	殷丽爽
责任编辑	李适存
责任校对	安　萌
装帧设计	守正文化
出版发行	吉林大学出版社
社　　址	长春市人民大街 4059 号
邮政编码	130021
发行电话	0431-89580028/29/21
网　　址	http：//www.jlup.com.cn
电子邮箱	jldxcbs@sina.com
印　　刷	天津和萱印刷有限公司
开　　本	787mm×1092mm　1/16
印　　张	11.75
字　　数	200 千字
版　　次	2024 年 1 月　第 1 版
印　　次	2024 年 1 月　第 1 次
书　　号	ISBN 978-7-5768-2171-0
定　　价	72.00 元

版权所有　　翻印必究

作者简介

冯超 男,1985年8月生人,中共党员,汉族,河北保定人,本、硕均毕业于北京体育大学,现就职于河北金融学院,讲师,研究方向:体育教育与运动训练。从职业足球运动员转型大学教师,并一直致力于青训及职业足球训练和比赛分析,并承担多项课题和发表多篇学术论文及著作。

王雷涛 男,1986年8月生,汉族,河北曲阳人,河北金融学院,讲师,硕士研究生,研究方向:学校体育与民族传统体育。河北金融学院体育教育教学部教师,先后毕业于北京体育大学中国武术学院、西南大学体育学院,曾获河北省优秀教练员、优秀裁判员,河北金融学院先进个人,优秀共产党员等称号,主持参与省、市级课题5项,发表论文数篇,目前从事学校体育与民族传统体育相关研究。

前 言

大学生是未来祖国现代化建设的人才。健壮的体魄、良好的心理素质、高尚的道德情操已成为 21 世纪对人才的基本要求。大学生正处于身体发育的旺盛阶段，因此树立健康第一的思想、培养良好的体育锻炼习惯、掌握科学的体育锻炼方法，对于提高大学生个人身体素质，进而提高全民族体质，具有特别重要的意义。高校体育教学是我国高校教育和体育教育的重要组成部分，在促进我国体育和教育事业发展、促进大学生健康全面发展方面发挥着重要作用。

随着时代的进步与发展，我国教育水平也在不断提升。随着国家"健康中国"的理念的提出，"全民健身"也在逐渐响应这一理念，越来越多的学校也开始加强对学生的体育教学与发展的重视度，这对体育教学的发展带来了一定的帮助。在体育教育水平提升的这一背景下，体育教育工作者认识到运动训练与体育教学之间是紧密相连、相辅相成、相互促进的关系，体育教学的有效性就是让运动训练与体育教学之间科学合理地结合，这样才能使得教学质量与教学水平得到保障。

在高校体育教学过程中，既要重视体育教学，又要重视体育运动训练，它们分别反映了一种体育特点，体育教学反映的是群众体育，体育运动训练反映的是竞技体育。这两者之间有相同之处，也有不同之处，相同之处体现在性质与形式上，不同之处体现在教学目的、教学手段和管理方面。在高校体育教学工作中，将体育教学和运动训练有效结合，进行优势互补，有助于促进体育教学工作高效进行。

我国的体育教学目标以教育思想为准绳，也伴随着教育思想的变化而做出相应的变革，教学内容、教学方法及教学评价等也都要随之进行相应的变革。纵观过去，形势并不乐观。在传统教学思想的指导下，我国体育教学的弊端暴露无遗：教学模式单一，教学内容乏味枯燥，教学方法陈旧落后，与现代教育思想严重不符，不能很好地体现现代教育理论在具体教学实践中的应用。针对以上种种弊端，考虑到现代教育思想的深刻变革，我们需要认清形势，抓住现代教育思想科学指导的良机，进一步完善现代体育教学体系，实现现代体育教学的新目标，为我国体育事业的全面发展尽绵薄之力。

  本书第一部分内容是体育教学综述，介绍了体育教学的概念和特点、体育教学的原则及目标、体育教学的现状及发展情况；第二部分内容是现代高校体育教学的理论探究，阐述了现代高校体育教学的基本理念、现代高校体育教学内容的构建、现代高校体育教学方法的选择等方面内容；第三部分内容是现代高校体育教学实践模式的创新，介绍了高校体育分层教学模式的应用、高校体育俱乐部教学模式的应用、高校体育翻转课堂教学模式的应用；第四部分内容是现代高校体育科学训练理论，介绍了高校体育科学训练的基础、高校体育科学训练的原则、高校体育科学训练的要素；第五部分是现代高校体育科学训练方法，介绍了球类运动的科学训练方法、田径运动的科学训练方法、塑身运动的科学训练方法等方面的内容。

  在本书编写过程中，笔者参考和借鉴了国内外许多专家、学者的研究成果，在此表示最诚挚的谢意！由于笔者能力有限，时间仓促，书中不乏疏漏与不妥之处，望广大专家和读者批评、指正，给予宝贵意见。

冯　超
2023 年 3 月

目 录

第一章 体育教学综述 ... 1
第一节 体育教学的概念和特点 ... 1
第二节 体育教学的目标及原则 ... 9
第三节 体育教学的现状及发展 ... 17

第二章 现代高校体育教学的理论探究 ... 24
第一节 现代高校体育教学的基本理念 ... 24
第二节 现代高校体育教学内容的构建 ... 38
第三节 现代高校体育教学方法的选择 ... 50

第三章 现代高校体育教学模式的创新 ... 75
第一节 高校体育分层教学模式的应用 ... 75
第二节 高校体育俱乐部教学模式的应用 ... 84
第三节 高校体育翻转课堂教学模式的应用 ... 92

第四章 现代高校体育科学训练理论 ... 109
第一节 高校体育科学训练的基础 ... 109
第二节 高校体育科学训练的原则 ... 116
第三节 高校体育科学训练的要素 ... 117

第五章　现代高校体育科学训练方法·······124
第一节　球类运动的科学训练方法·······124
第二节　田径运动的科学训练方法·······149
第三节　塑身运动的科学训练方法·······162

参考文献·······177

第一章 体育教学综述

体育教学活动是随着体育学科的建立而出现的一种自然现象,它是现代教育教学的重要组成部分,是落实素质教育、培养全面发展的高素质人才的一个重要途径和方法。要想科学地组织和开展体育教学活动、充分发挥体育教学的价值、培养现代体育专业人才,体育教学工作者必须明确体育教学的基本理论知识,包括体育教学的概念与特点、性质与功能、目标与原则以及教学主体。本章主要就上述几个方面进行系统解析与阐述,以便体育教师和学生更全面、深入地认识体育教学。

第一节 体育教学的概念和特点

一、体育教学的概念

(一)教学

教学是"教"与"学"的合称,我国很早就有关于"教"与"学"的研究。东汉时期,许慎著《说文解字》,其中曾有"教,上所施,下所效也"的解释。

国内外学者关于"教学"的研究至今已有很长一段时间的历史了,但就目前来说,学术界对"教学"概念的解释并不完全一致,不同的学者从不同的角度均提出了自己的观点和见解。

国外学者对"教学"的论述可以从宏观和微观两个方面进行理解。从宏观角度分析,教学是一种特殊的教育活动,它是指教学者以一种或多种文化为对象,对受教者进行教育,以期让受教者获得这种文化的活动。其中,教学者是掌握某种知识或技能的人,他与接受教育的人共同构成教学的主体。从微观意义上讲,教学是一种直观的,教师进行教授和学生进行学习的活动,在这个活动中,教师是教学的引导者,是教学活动的组织者和知识传授者;学生是教学的"受众"和主体，简言之，教学是一种以特定文化为对象的"教"与"学"的活动。

就我国来讲，相关学者关于教学的研究论述影响力最大的、权威性较强的观点主要包括两种：一种是统一活动说，代表人物是王策三和李秉德，他们认为，教学过程是"教"与"学"统一的整体，强调学生的全面发展。另一种是教学的广义和狭义说，广义的教学泛指经验的传授和获得过程，狭义的教学则是单指学校教育中以培养人才为目的的各类教学活动。"教学"是一种动态行为，是教学工作者对具体的学科或技能组合进行的一种有组织、有计划的教学行为。目前，这种论述比较符合我国体育教育的现状。

（二）体育教学

体育教学是针对体育学科展开的一种教学活动。体育教学包括教学目标、教学内容、教学评价等内容。体育教学是一种特殊的教学课程，它从生物科学、教育学、心理学、社会学、哲学等学科中获得知识，以发展学生体能、增进学生身心健康为主要目标，它配合德、智、美、劳进行教学，促进学生身心全面发展。体育运动与体育活动、训练方面的教育都能够促进学生身心发展，是现代素质教育的主要内容和方法。体育教学不是学生把理论知识背熟就可以了，它是在参与运动的基础上，利用一定技能进行的体育活动。

综上所述，对体育教学概念的界定可以如此描述，即体育教学是指体育教师在教学的过程中，以体育教材为媒介，与德、智、美、劳的教育课程相配合，引导学生学习体育基本知识、熟知体育基本技术、掌握体育基本技能，并养成良好的体育锻炼习惯，以促进其生理、心理、社会适应能力健康发展的一种活动。

从本质来讲，体育教学是在学校环境中进行的一种教学活动，主要参与者是体育教师和学生，具体的活动内容为学生在教师的组织和指导下，对体育相关的基本知识、体育运动技能、体育运动素养进行了解、掌握和提高，旨在促进学生身心健康全面发展。

二、体育教学的独特属性

体育教学具有教学活动的一般特点，同时也具有体育学科的特殊特点，现主要针对后者详细分析如下。

(一)身体活动的日常性

体育学科是以身体发展为基础的学科,因此在体育教学中,身体活动是教学活动的主要内容和形式,体育教学过程中有很多对身体活动的要求,这是体育教学区别于其他学科的重要特点,是体育教学与其他学科教学的最大区别。

一般文化类学科的教学,其教学场所多为教室、实验室、多功能厅,教学过程中需要教学环境的静态性,即整个教学活动过程要保持相对的安静,这样才能激发学生的思维并产生很好的学习效果。

体育教学通常会在户外进行,如果是在室内,也多选择较为宽阔的专用运动场馆,而且在大多数的运动技术练习环节中并不需要刻意保持安静,学生之间、学生与教师之间都可以随时进行相关的交流和沟通,如此才更有利于学生对运动技术的学习。在整个体育教学过程中,学生需要不断重复学习体育运动技能,这也决定了学生在体育教学活动中要经常进行身体活动,即体育教学具有身体活动的常态性特点。在体育教学中,几乎所有内容都涉及身体活动,或者是为即将到来的身体活动做准备的活动。在体育教学过程中,不仅是学生要进行具有一定运动负荷的运动,教师在做示范、做指导和参与到组队教学赛中也需要付出不少体力。可见,体育教学身体活动的常态性特点不单单是针对学生,同时也包括教师。总之,在体育课堂教学过程中,教师与学生的身体操练非常频繁,这种几乎常态化的特点成为体育教学最为显著的特点。

(二)身心练习的一致性

身体健康与心理健康是现代健康新理念中关于健康的两个重要方面,两者之间也有着密切的关系,具体体现在身体健康有助于改善心理健康,而心理健康对身体健康具有重要的影响作用,身体发展是基础,心理发展是依赖,它能够促进身体发展。二者是相互影响、相互促进的关系。因此,体育教学强调促进学生的身心共同发展。

在其他一般学科的教学中,更多的是重视学生的智力发展和心理塑造,在身体发展方面存在着一定的局限性,更难以实现身心发展的统一。

体育教学重视学生的身心双修,重视对学生身体的改造,与此同时,它还强化学生的心理与多种适应能力。而在其他学科的教学中无法达到这样的效果,这主要缘于体育教学营造了不同种类的教学情境，一系列积极的情境使得参与其中的人在潜移默化中受到感染，在体育教学中，学生的身心发展看似是多元的，但实际上在过程中是一种身心统一的锻炼，即达到身体与心理的共同拓展，表现出十足的统一性。

体育教学不仅可以促进学生增强体质、提高体能、发展技能，而且有利于培养学生的思维方式和良好的心理品质，促进学生身心健康协调发展。具体来说，在体育教学中，学生身心练习的统一性主要表现在三个方面。首先，在体育教学内容方面，体育教学内容的选择应符合学生的身心健康状况，所选教材的编排要符合该年龄段学生的心理特点，并要满足学生对于美学、社会学等其他方面的要求，使学生通过教学过程中的知识学习、身体练习与情感体验，获得身心的健康发展。其次，在体育教学方法方面，体育教学方法要符合体育教学实际，要遵循与学生年龄段相适应的身心变化规律，根据学生的这些身心特点安排教学，以促进学生身心共同发展。最后，在体育教学运动负荷安排方面，同样注重身心发展的统一。体育教学重在体育实践，它以身体练习为主，需要学生运用身体器官直接参与活动，不仅要承受一定的身体负荷，还要承受一定的心理负荷。负荷要与学生身体状况相符，不能超过学生生理极限，以免对学生身体造成伤害和引起学生的挫败感；负荷也不能过低，以免不能促进学生身体健康发展和引起学生轻易完成练习活动的骄傲自满心理。负荷应恰到好处，使学生承受肌肉活动引起的疲劳与不适，提高运动技能并体验不同的心理过程，磨炼意志，塑造克服困难、团结一致、努力拼搏的健康心理。

（三）技能学习的往复性

现代体育教学旨在通过身体练习促进学生的身体、心理和社会适应能力的共同发展，在整个教学过程中，主要以身体练习为主，技能学习是体育教学的重要学习内容，学生对运动技能的掌握必须经历一个不断重复的过程。

研究表明，任何一个体育运动项目，其运动技能的形成都具有阶段性和规律性，运动技能形成大致要经历这样一个过程：练习分解动作—练习连贯动作—独立完成连贯动作—熟练完成连贯动作。学生要想熟练掌握运动技能，需要经过长期的反复练习。学生无论是掌握篮、足、排球运动中的复杂技能，还是学习体操中的滚翻、田径中的跑等技能，都需要经历由不会到会、由简单初步学习到复杂深入学习、由不熟练到熟练的发展过程。在此过程中，体育教师要严格遵循循序渐进原则，逐步指导学生掌握各种运动技能，根据不同运动技能的特点，合理安排练习内容和时间，通过反复练习，促进学生运动技能的掌握与提高。

（四）教学过程的直观性

体育教学过程具有直观性特点。这种直观性主要体现在讲解、示范和教学组织管理三个方面。具体分析如下。

教学内容讲解的直观性。简言之，讲解的直观性就是讲解清楚、简单明了、容易理解。具体来说，在体育教学过程中，教师讲解体育教学内容，不仅要达到与其他学科教师讲解要求一致，还要求体育教师的语言更加生动，并且富有一定的肢体表现力，使学生有形象、贴切、有趣的感觉。尤其是在某些具有较难技术动作的体育运动教学中，教师不仅要对体育教学重点进行详细的描述，还要用生动、形象的语言对复杂的技术动作进行简单化的讲解，以提高课堂教学效果。

动作技能示范的直观性。身体练习是体育教学的主要内容，学生对动作技能的接触最初是通过教师的动作示范来实现的。在教学中，为了加深学生的理解和认识，教师有必要进行动作示范和实践演示。在教师运用示范法时，需要运用非常直观形象的动作示范，其中包括正确动作的演示和错误动作的演示，这些演示都是非常直观地展现在学生眼前的，不能有任何的艺术加工和变形，这样才会使学生从感官上直接感知动作的正确与错误，以便于他们建立正确的、清晰的运动表象。当学生建立正确的动作表象后，再配合教师的讲解，使之与思维相结合，学生才能更加准确地掌握相关体育知识、技术及技能。

教学组织与管理的直观性。在体育教学中，师生之间的互动比其他任何学科都要频繁和广泛，体育教师对整个教学过程的组织与管理，学生都深入其中，有深刻体会。教师与学生接触得多，会使学生对体育教学的组织和管理的观察与体会更加直观。在师生互动中，教师的言谈举止对学生的身心都是一种无形的教育，不仅有助于学生的观察，也能为学生创造轻松的教学环境，使学生在教学中表现出来的言行都是他们最为真实的一面，进而有利于体育教师获得正确的教学反馈。教学组织与管理的直观性要求体育教师重视良好教学环境的创设、促进师生关系的融洽，使教学过程更加科学合理。

（五）教学内容的情感性

现代体育教学内容丰富，它不仅限于球类运动、游泳、田径等，还包括体育舞蹈、瑜伽，更融入了许多户外拓展训练等内容。通过对这些内容的学习，学生普遍可以从中体会到各种体育活动所带来的丰富情感。

在现代体育教学中，不同体育教学内容给予学生的丰富情感体验主要表现在以下几个方面。

学生在体育运动中能够获得人体美、健康美和运动美的体验。在体育教学过程中，学生可以体会到只有体育才能赋予人的人体美和运动美。一方面，学生通过参与体育教学，掌握体育健身的方法和技能，能够达到运动塑身的效果，使身体外在形态保持优美的线条和良好的身材比例；另一方面，学生通过练习不同运动，可以认识到人体不同的动作展现出的动作美和肌肉的动态美，这种美只有在运动中才能看到，是极为外显的美。通过体育教学中对美的感受，可以提高学生的审美能力。

学生在体育运动中能够获得体育精神美的体验。体育教学中的每一项运动都向学生表现出了不同的美，如球类运动可以表现个人对球类技术的掌握能力，集体球类项目中除了个人能力，还包含了与队友之间的协作和互助精神。这些内容都是体育精神的内涵，而通过体育教学能使学生感受到体育的精神美，掌握体育的精髓。学生通过参与体育活动可以陶冶情操，平衡心态。例如，学生在关键时刻始终保持冷静或是在胜利时表现出谦虚等。

学生在体育运动中能够获得丰富社会角色的情感体验。体育教学是一种创造性的社会活动，其创造的成果就是让学生获得内在的顿悟和精神上的启迪。学生在不同的体育运动过程中，扮演不同的角色（如足球运动的前锋、后卫、守门员等，体育教学竞赛中的运动员、教练员、观众等），能使学生丰富自己的角色情感，对于其日后进入社会，适应不同的社会角色具有重要的作用。

（六）教学环境的开放性

体育教学环境的开放性表现在教学场地和教学情境两个方面。一方面，体育教学主要是在室外进行的，目前，我国各级院校的体育教学多以体育实践课为主，体育教师组织的大多数体育课主要在学校操场进行。与其他学科主要在封闭的教室、实验室等地方开展教学活动不同，体育教学的教学空间富有变化性，环境更加开放。另一方面，在体育教学情境设置中，师生之间的关系和互动非常灵活多变，只要有利于促进学生身心发展，任何一种教学情境都可以尝试。

体育教学环境的开放性决定了体育教学具有不同于其他学科的室内教学和以教师的讲解为主的教学模式，体育教学环境的开放性使其教学过程具有更多的不确定因素，在体育教学过程中，教师应注意以下几点。首先，由于体育教学多在户外开展，受到的干扰因素较多，如天气、地形、周边设施与噪声等，因此体育教学的组织管理工作会更加复杂，需要精心设计与统筹安排体育教学的组织形式、教学步骤与方法。其次，室外体育教学是一个动态过程。教学过程中，班级内学生较多，且大部分教学时间学生都处在不断变化与形式多样的运动中，教师对学生的管理是动态的，多采取分组教学并需要班干部和体育骨干的协调配合。最后，体育教学活动中需要使用多种体育器材和设施，由于不同学生的技术水平不同，且在使用器材设备时会有不同的习惯，再加上一些器材设备本身质量差或磨损严重，教学中充满了各种不确定因素，因此体育教师要格外重视教学的安全性。

（七）教学条件的有限性

体育教学内容丰富，教学环境开放，涉及要素多，也就使得体育教学会受到更多客观条件的制约，这是体育教学的重要特点之一。制约体育教学的条件包括主观条件与客观条件，概括来讲，主要表现在以下三个方面。

学生方面。学生作为体育教学过程中体育知识与技能传授的受众，与学生有关的诸多情况都会对体育教学造成一些影响，主要因素包括学生的运动基础、学生其他基本情况（年龄、性别、生理和心理特点）等。这些因素会对体育教学内容、教学方法、教学组织、教学设计、教学模式等方面，甚至对整个体育教学产生重要影响。体育教学要想进行得顺利、获得良好的教学效果，就要注重对学生的运动基础及体质强弱等实际情况进行区别对待、充分考虑，只有这样才能促进既定教学目标和教学效果的实现。

教师方面。教师是体育教学活动中非常重要的一个参与者，体育教师的教学能力、对教学方法的熟悉程度、体育教学组织和管理能力都会影响整个体育教学，对于体育教学来说，也是一种重要的制约。

教学环境方面。体育教学环境是体育教学的重要载体，其质量的高低对体育教学会产生较大影响。例如，体育教学活动多在户外开展，会面临严重的空气污染或邻近马路带来的噪声污染等问题，这些问题势必会影响体育教学主体在教学活动中的状态与情绪；天气对于室外体育教学的影响也是不能忽视的，这一点在早年间更加明显，如遇到雨、雪、大风等恶劣天气时，室外体育教学被迫停止，只能在室内进行一些体育理论课的教学，如此充分表现了教学环境对体育实践课开展的制约作用。

体育教学的顺利开展必须摆脱不利于体育教学及构成教学条件的各因素的影响，对此，体育教师就要在制订学年的体育教学计划时计划到具体课时，在进行教材内容选择与教学组织实施中都必须考虑到这些客观实际与影响因素，结合教学实际，科学地选择体育教学内容、方法和组织形式，并充分结合自身特点与条件，促进体育教学的顺利进行，以实现体育教学目标和教学任务。

（八）人际关系的多边性

体育教学活动中的人际关系不是单纯地如其他学科教学中的那样，师生之间主要以教师讲解和学生领会为主，体育教学活动是一个师生双边互动的活动，而且这种互动非常频繁和复杂，人际交往在体育教学中占据重要位置，这种人际交往具有多边性。从教学组织形式来看，现代体育教学的组织形式主要是在单人、双人、小群体以及全班之间不断转换的，要求学生在不同的时空内完成不同的身体运动、不断地变换角色地位，彼此之间建立多种不同的联系。因此，在体育教学中，师生之间、学生之间、小群体之间具有频繁且形式多样的人际交往关系，教师和学生之间的关系复杂、多变。体育教学过程中人际关系的多边性特点对体育教师的教学组织和管理能力提出了更高的要求，体育教师应运用多种方式与学生交流和沟通，并引导学生相互之间进行配合、鼓励与评判，教会学生在体育课堂中初步体会社会交往，培养学生的合作意识，提高其人际交往能力，并将这种良好的人际关系适应和处理能力延伸到体育学习之外的日常生活和社会关系处理中去。

第二节 体育教学的目标及原则

一、体育教学目标

（一）体育教学目标概念

从本质来看，目标是一种预期。而体育教学目标是对体育教学的一种预期。体育教学目标是依据体育教学目的而提出的预期成果。这个预期成果可分为阶段成果和最终成果，即阶段性目标和体育教学总目标。学校体育目标实际上是一种尚未完成的事项，是一种期望达到的境地，它是对学校体育学习结果的期待和前瞻，在一定程度上激励着教师和学生为实现这个目标而共同努力。

体育教学目标在很大程度上体现了人们对学校体育与健康课程编制、体育教学实施、课外体育活动、课余体育竞赛和课余运动训练开展中的体育价值的理解，体育教学目标是否科学合理，直接影响体育教学过程的实施和效果的实现。

（二）体育教学目标的结构

就体育教学目标的概念来看，目标有大小、长远之分，小的、短期的目标在体育教学中相当于教学路上的"站点"，而教学总目标则是体育教学的"最终目的地"，体育教学目标有其自身的层次与内部结构。

体育教学目标由多个层次的目标构成，大至超学段体育教学目标，小至课时教学目标，如果再细分，还有下位的技术点和知识点教学目标。总之，教师在制定不同的教学目标时，一定要充分考虑不同教学目标的上位和下位层次及其功能和特点。

（三）体育教学目标的特性

体育教学目标具有鲜明的特性，主要表现在以下几个方面。

前瞻性：作为一种教学预期，体育教学目标的前瞻性是指体育教学目标能对整个教学活动起到很好的指导作用，能促进师生的共同发展。

曲折性：任何目标的实现都不是一帆风顺的，体育教学目标也是如此，因此曲折性是其基本特点。体育教学目标的曲折性能起到一定的激励作用。体育教学目标并不是事实，而是对未来事物的预测，因此要根据当前的具体教学实际制定教学目标，所提出的教学目标既不能过高，也不能过低。过高则难以完成，打击师生的积极性；过低则难以引起学生的学习兴趣。因此，制定的体育教学目标应是需要付出努力，需要师生协同配合，共同努力才能实现的。

方向性：体育教学目标是特定的价值取向的反映，而价值取向具有明确的方向性。体育教学目标总是明确地告诉体育教师与学生，他们应走向什么方向，走到哪里等。

终结性：体育教学目标是对一定的学生所要达到的培养结果的期待，具有一定的终结性。当然，这里所说的终结不是整个体育的终点，而是在整个体育教学过程中起连接作用的一个一个的"站点"，所有阶段性教学目标的实现都是为总的教学目标的实现奠定基础的。

（四）体育教学目标的制定

1. 体育教学目标的制定基础

（1）体育目标与体育课程标准

学校体育目标是制定体育教学目标的重要依据之一，它是国家和社会对学校体育的基本要求。根据学校体育的发展实际，教育部颁发的各级学校体育课程标准制定了各个年级的体育教学目标，从而形成了体育教学目标体系。

（2）全面发展的素质教育要求

体育运动不仅是提高学生的运动技能，还要发展学生的综合素质。在培养德育方面，任何体育运动项目在组织过程中，无论遇到怎样的困难，都要遵循道德规范和准则，努力实现自己的目标。在智育方面，很多体育运动项目都要求运动者具有快速判断、分析、思维、想象的能力，让运动者的智力得到良好的开发。在美育方面，体育本身就是健康美、形体美的代名词，因此要重视学生审美、表现美、创造美的能力的培养。总之，在制定教学目标时要考虑选择合理的教学内容，使学生的德、智、美的综合素质得到全面发展。

（3）体育教学的本质特征与功能

制定体育教学目标，应抓住体育教学的本质特征和功能，突出增强体质、促进身心健康、发展体能的本质特征。

（4）学生身心发展的特点与规律

体育教学针对学生，在设定教学目标时必须站在学生的立场，确保体育教学目标满足学生的身心发展。受教育对象的个体发育规律对教学的影响非常重要。个体发育有几个敏感期，这些敏感期对体育素质的培养有着非常重要的作用，抓住这几个敏感期进行体育教学可以达到事半功倍的效果。体育教学应充分满足大学生的身心发展需求。在高校期间，要制订更加系统、合理、科学的体育教学计划，因为此阶段的教学最有可能让学生受益终身。这也是体育教学的根本目标。

（5）学生的体育学习兴趣与需求

体育教学中，要重视学生的主体地位，提高学生参与体育运动的兴趣。要想提高学生的学习兴趣，就要根据学生生理、心理和智力特点，将体育运动的趣味性、目的性、对抗性等相结合，使学生由浅入深、由易到难地掌握体育运动知识，从而获得参与体育运动的基本能力。而且，教师还要注重培养学生对体育意识的重视。

（6）体育教学的实际条件和可行性

教学条件是实现体育教学目标的重要影响因素，也就是说，较差的教学条件对体育教学目标的实现有一定的制约作用。目前，我国各级各类学校、城镇与乡镇的学校，甚至同一地区的不同学校，教学条件都有很大的差别，发展也不平衡。因此，为了确保制定的体育教学目标切实、可行，在制定体育教学目标时必须从实际出发，充分考虑体育教学活动的各种实际条件。

2. 制定体育教学目标的标准

（1）层次性

无论是体育认知目标、运动技能目标、增强体能目标还是情感目标，这些目标本身都有一个从低到高的层次。在各领域目标中也都有从低到高的层次，这个过程也是教学的一般规律。

（2）连续性

教学目标具有多层次性，不同教学目标既相互独立，又具有关联性，总目标是通过若干年级目标、单元目标、课时目标的实现而最后实现的，如在不同年级之间、同一年级前后之间、不同单元之间等。因此，制定体育教学目标，无论是年级、单元还是课与课之间，都应注意其相互之间的连续性，争取保证每节课的内容一环套一环，由浅入深、循序渐进地完成好每一个阶段性体育教学目标。

（3）可操作性

教学目标的制定切忌"假大空"，制定的体育教学目标应是具体的、明确的、容易操作的，这有利于教师在体育教学实施过程中有一个明确的方向，有利于对体育教学目标的测量和评价。

3. 制定体育教学目标的过程

（1）了解教学对象

教学目标主要是关于教学对象的发展程度的描述，因此制定教学目标应先充分了解学生的学习需要，具体包括学生的学习成绩、学习态度等现状与体育教学目标之间的差距。分析和了解教学对象的能力与条件主要包括学生在体能、运动技能、体育知识等方面已经具备的能力与条件。在对学生的学习需要与能力条件认真分析和进一步了解的基础上，设置出合理有效的体育教学目标。

（2）分析教学内容

确定体育教学目标前，要对高校体育教学内容的特点与功能进行认真分析，这是因为具体的体育教学目标的设定总是与具体的教学内容紧密相连，没有无目标的体育教学内容，也没有无内容的体育教学目标，二者相互影响。

（3）编制教学目标

在"单元"或"课"的教学计划中按照课程的水平目标分别陈述。

二、高校体育教学的原则

体育教学原则是在体育教学中需要遵守的一项基本要求与原理，它是在长期的体育教学中总结出来的经验，是能够反映体育教学过程的客观规律。同时也是教师和学生在教与学过程中开展活动的依据，体育教学原则指导着各项教学活动，也限制着各项教学活动。正确地认识并贯彻体育教学原则，对于明确教学目的，正确地选择与安排教学内容、教学方法、教学场地与器材、教学组织形式，完成教学任务，提高教学效果，都是十分重要的。

（一）重视提高运动技能水平原则

重视提高运动技能水平原则，就是在高校体育教学过程中，要注重学生运动技能的提升，使其取得更好的成绩。把重视提高运动技能水平原则贯彻到高校体育教学中，其基本要求有以下几点。

1. 在体育教学中，深刻认识到提升运动技能的重要性

精通运动技能是体育学科的教学任务，同时也是增强学生体质、提高体能的方式，更是帮助学生掌握体育锻炼的方法和享受运动乐趣的前提。持续提升学生运动技巧是体育教学的根本要求，是评估其有效性和质量水平的主要标准，同时也是衡量体育教师教学能力的关键指标。因此，体育教师应该充分了解提高运动技能在体育教学中的重要性，进而更加重视提高学生的运动技能水平。

2. 确立明确的运动技能教学目标，使学生循序渐进地掌握运动技能

职业运动员掌握运动技能与提高运动水平是为了竞技，而学生掌握技能与提高水平是为了健身和娱乐，二者之间目的不同。因此，在体育教学中，要以"为学生终身体育服务""健康第一"作为传授运动技能的指导思想，在提高不同的运动技能上，要以"体验一些运动项目""较好地掌握1~2项常用的运动技能""基本掌握作为锻炼身体方法的运动技能""初步掌握多项可能参与的运动技能"等为目标，有类别、有层次地让学生掌握他们终身体育所需要的运动技能。

3. 合理规划体育教学内容，以确保教学效果最大化

为了让学生有层次地掌握运动技能，就需要制订科学的教学计划。首先，有些项目被认为是适宜作为上乘教育课程的选项，因为它们具有场地选择灵活、受学生欢迎、比较常见、能够与学校传统项目相结合的特点。这些项目包括但不限于篮球、足球、排球、乒乓球、武术和健美操等。因此，建议学校每学年安排1~2项精教类内容，每项时间控制在15~30学时，学年共计30学时。其次，在未来生活中，学生可能会遇到一些必须具备一定基础，并且有教学条件的项目，如羽毛球、体育舞蹈、棒球、轮滑、短式网球、太极拳等，这些项目可以被包含在粗略的教学计划中。建议学校每学年安排2~3项不同的项目，每项持续7~10学时，学年共计20学时。再次，针对那些不必掌握，但学生需要知晓或体验的运动项目和文化知识，如高尔夫球、橄榄球、台球、保龄球等，我们可以把它们作为介绍类内容，每年安排3~4个项目，每个项目安排1~2学时，每年共计5学时。最后，练习身体素质和基本运动能力的项目包括100米短跑、1 500米长跑、铅球和立定跳远。这些项目可以作为锻炼的一部分，每学年可以安排3~4项，

每项的学时为1~2学时，一学年总共5个学时，或可以将每个学时安排10分钟，融入其他项目中。

4. 在教学过程中，应当注重深入讲解，同时加强实践练习

由于体育教学的特殊性质，在教学过程中应避免过度依赖讲授方式，避免陷入"单向传授"的境地，而应注重深度讲解和反复练习。为了提高学生的运动技能水平，首先，我们应该在课堂上尽可能多地给予他们充足的练习时间，以减少不必要、无效的授课时间。有时，教师可以在学生的练习过程中给予指导。其次，教师应当根据学生的实际情况，制订相应的课外作业计划，以便让学生在课余时间更多地投入练习中去。对于必须传授的知识，必须进行详尽的阐述。最后，精讲乃是要求教师的授课目标明确、层次分明、重点突出、术语和口诀正确使用以及讲授与动作示范相互融合。

5. 营造适宜的环境和条件，以提升运动技能水平

为了确保学生能够熟练掌握运动技能，必须创造一个优越的学习环境和条件，这不仅包括提高教师自身的运动技能和教学技能水平，还包括营造民主和谐的体育课堂氛围，优化体育教学制度环境，以及美化场地设施和器材。

（二）注重提高运动体验原则

注重提高运动体验原则就是在体育教学中，不仅要让学生掌握运动技能、进行身体锻炼，还要让这一过程充满乐趣，从而让学生喜欢运动，使之养成良好的运动习惯。高校在体育教学过程中，要坚持贯彻这一原则，具体要做到以下几点。

1. 要让每个学生都能够从运动中不断获得成就感

体育是一项文化活动，离不开学生的身体条件，而学生之间有着不同的身体素质与条件，如在身高、体重、运动技能水平与体能上的差异，这些差异是受遗传因素的影响产生的，因此在体育教学过程中，有些学生会因这些身体差异而感到苦恼，从而失去对体育教学的学习兴趣。这就要求教师需要在教学内容、教学场地与器材、教学方法、教学组织形式上进行调整与改变，使每个不同的学生都能体验到成功。这也是让学生体验运动乐趣的基本方面。

2. 增强体育教学内容的趣味性

在体育教学的内容中，既有一些富有趣味性或能够让学生轻松感受到乐趣的元素，也有一些缺乏趣味性或难以让学生真正体验到乐趣的元素。因此，在体育

教学中，应当将那些既具有趣味性，又能够激发学生学习兴趣的内容视为重中之重。同时，对于那些必须传授但缺乏趣味性的教学内容，我们需要探索或添加一些有趣的元素，如利用简化、变形、情节化、生活化、游戏化、竞赛化等方法，以激发学生的学习兴趣。

3. 运用多种体育教学方法提升学生的运动体验

在教学过程中，教师既要注重教学方法的传授，又要恰当地运用教学方法，使学生在学习过程中感受到运动的乐趣，如领会教学法、情境教学法、游戏教学法、发现教学法、竞赛教学法、小群体教学法等多种教学方法。

（三）合理安排运动负荷原则

合理安排运动负荷原则是指在高校体育教学过程中不仅应安排适合学生身体素质的活动量，以反映体育教学的基本特征——身体活动性，又要让学生机体承担的运动负荷是有效而合理的，以满足他们锻炼身体，掌握运动技能之需。高校体育教学合理安排运动负荷的原则，具有以下几个基本的要求。

1. 根据学生的身体发展特征设定运动负荷

运动负荷的科学性主要体现在对学生身体具有促发展性与无伤害性，促发展性与无伤害性主要由学生的身体发展状况决定。所以，教师在合理安排运动负荷时，必须懂得学生身体发展原理、认识各阶段身体发展特点、熟悉各项目特点等。

2. 根据体育教学目标设定运动负荷

总的来说，合理安排运动负荷的主要目的在于高效地实现身体锻炼和教学目标。因此，教师既不能忽视运动负荷对实现体育教学目标的重要影响，也不能无视各种特殊教学场景的需求，逐步增加运动负荷程度。

3. 科学合理地设计体育教学内容

体育运动项目包括各种各样的运动和练习，有些运动强度高，有些运动强度低。因此，在制定课程内容时，有必要考虑到运动负荷，对教材进行必要的调整，并合理搭配不同运动项目和练习方式。

4. 逐步增强学生自我控制运动负荷的能力

在高校体育教学中，教师要全面地掌握体育相关知识，如锻炼原理、运动处方和运动负荷等知识，同时，还要教会学生在运动量上的自我判断和调整的常识，以便学生在以后的运动中能自主地掌握好适合自己的运动量，并学会锻炼身体的方法和运动的技能。

（四）因材施教原则

因材施教教学原则是指体育教学应以"面向全体学生"的理念为基础，根据每个学生的实际情况实行有区别、有针对性的教学，使每个学生的身心健康和运动技能得到充分的发展。这就需要高校体育教学要做到以下几点。

1. 对学生进行深入了解和研究

实施因材施教原则的基础是充分了解学生的个体差异。通过观察课堂表现、进行问卷调查、与学生交流以及咨询辅导员等方式，体育教师能够深入了解每个学生在身体条件、兴趣爱好和运动技能等方面的差异并全面分析这些信息，以便为每个学生量身定制个性化的教学策略。同时，体育教师需要从发展的角度看待学生的个体差异，不能仅仅从静态的角度看待他们，需要定期跟进学生的基本情况。

2. 丰富体育选修课程的类型

提供广泛的选修课程是实现因材施教的最佳途径，特别是在体育教学方面。每个学生的身体状况、兴趣爱好和运动技能都各不相同。因此，在向学生征求意见的前提下，设置选修课程能够满足不同学生的个性需求，促进他们个性化的成长。

3. 采用多样化的体育教学组织形式

在体育教学中，使用"等质分组"这种教学组织方式是很有效的因材施教的方式。教师可以根据学生的身高、体重、体能以及运动技能水平等因素来进行分组，从而给予身体条件和运动技能较差的学生更为细致的关注和照顾。为了确保全体学生都能取得进步并享受学习和成功的乐趣，我们应该给身体条件和运动技能较好的学生提出更高的要求，并为他们提供更多的机会和资源，以实现他们的进一步发展。

（五）安全运动原则

在高校体育教学中，安全运动原则是保证学生能够安全地参与运动的必要条件。只有确保学生的安全，才能顺利开展体育教学活动。在高校体育教学中为确保安全运动，需要遵守以下基本原则：

1. 规避体育运动中可预测的危险因素

通过长期的体育教学实践总结，我们可以预见到大部分体育教学中的危险因素。一些可预见的危险因素主要有：学生思想态度引发的问题，如缺乏计划和准备、自行其是、行动鲁莽等；学生个体差异及运动项目特点所导致的风险因素，如力量不足、动作过于复杂、对运动技能缺乏熟练度、缺乏必要的保护和援助等；学生身体状况的变化带来的危险因素，如在学生遭受伤病期间强行要求其参与体育活动等；场地状况的变化，引发的一些潜在的危险因素，如塑胶地面的破损可能会导致学生绊倒等；器材损坏或不完备所带来的风险因素，包括绳索折断、双杠断裂、羽毛球拍头脱落飞出等；恶劣天气条件，如高温、严寒、暴雨天等，均会导致危险因素产生。体育教师在课前需要仔细思考和检查所有可能引起危险的因素，并采取措施消除所有可以避免的潜在危险因素。

2. 为学生运动安全提供制度和设备保障

在体育教学中，教师要对一些危险的课程制订严格的安全管理制度，避免发生危险行为，如不能带钥匙打篮球、不能穿皮鞋踢足球等。同时，对于易发生危险的体育设施要设置警示牌或安装保护装置，如单杠下面配海绵垫、泳池配救生圈和救生衣等，避免发生危险。

3. 对学生开展常态化的安全运动教育

在进行体育教学时，必须确保安全运动原则得以贯彻。这需要学生积极配合，并由体育教师采取集中教育和分散教育相结合的方式，不间断地对学生进行安全运动方面的教育。集中教育是一种安排特定时间讲解安全知识和技巧，并教会学生互相帮助与保护的技能的教学方法。分散教育是指老师在每一堂课前都提醒学生注意安全细节，让他们充分意识到保障安全的重要性。

第三节　体育教学的现状及发展

随着我国"科教兴国"政策的实施，高等教育的发展也将面临新的挑战，教育部为了高等教育能实现教育的目的，培养的人才能达到标准，出台了一系列的改革举措，同时高校也在做出了相应的改变。但是，体育教育的现状与素质教育的标准还有很大差距，不符合素质教育的要求。因此，本书对当前体育教育存在的问题进行了分析，并指出了发展趋势，希望为加快高校体育科学化进程、促进整体性人才教育提供理论依据。

一、高校体育教学现状

随着素质教育的不断普及，我们已经看到一系列有关教育改革的措施。这些措施不仅改进了高校的体育教学模式，而且也值得我们称赞。比如，提出并采纳了终身体育思想，以及重视素质教育理念等。这些措施促使教师重新审视体育行业。这一理念引起了体育教学方式和态度的转变，同时也促进了多种教学方式的尝试和创新。尽管这些改进措施值得赞扬，但经过深入的调查研究，我们仍然发现一些不足之处。这些不足影响了大学体育教学的整体改革进程，并对高素质人才的培养产生了不利影响，这是我们需要认真解决的问题。针对高校体育教学存在的一系列问题我们现做如下分析：

（一）体育教育观念的变革停留在表层

首先，我国各个高校在体育教育的改革与发展过程中，要做到多种观念的综合，如综合快乐体育教育观念、身体素质教育观念、终身体育教育观念等。然而在实际情况中，很多高校在进行体育教育观念的改革时，忽视了这些观念的综合，而是关注提高运动技能和运动技术的传授，这不仅无法增强学生的体质，使他们不能愉快地学习体育，同时还极大地影响了体育教学的质量。其次，学校体育的目标是为了教学模式才制订的，因此目标的指导思想在一定程度上受到传统教学模式和教育考试制度的限制，不符合学校的具体情况和学生的需要，制定的目标过于笼统，不符合实际。最后，"终身体育"的理念只是作为一个名词被提出来，但并没有在实践中得到落实，终身体育锻炼只是在口头上表达，而传统的教学方法使学生难以接受终身体育的理念，这又阻碍了对于学生终身体育能力的培养。如果要让体育教育发挥较高的教学水平，我们就需要注重改变体育教育的观念，使终身体育的理念深入人心，并得到落实。

（二）体育教学方法十分单调

我国高校体育的教学方式在很大程度上受到传统教育观念的限制，通常过于重视学科知识的传授，而忽略与学生的互动和探讨，无法将学生置于主动学习的地位。在体育教学中,实践是落实课程计划的重要环节,也是实现课程目标的主要手段。然而,现代高校的教育方法存在多项问题,包括教师未能以恰当的方式推动学生学习,而只注重自己的授课,缺乏对学生是否在学习上真正获益的关注,也不在意学生是否真正掌握体育教育的精髓。此外,传统的体育教学模式一直以来都是按照"讲解—示范—练习"的步骤进行传授,这种方式缺乏创新性和互动性,导致学生的学习动力被抑制。这样的课堂显得呆板、机械,学生很少有积极主动的思考,更不利于培养创新能力。为了确保体育教学的课堂效率,教师需要掌握各种教学策略和方法,并在课堂上使用它们,从而激发学生的学习热情和积极性,达到理想的教学效果。

(三)体育师资的综合素质有待提高

我国高校的大部分体育教师都受传统教育模式的影响,因此无论是学历层次上,还是知识结构上都有一定的欠缺。目前,高校体育教师大多以技术为导向,专业知识基础尚不完善,综合素质普遍不高,缺乏与专业相关的科学知识,不能很好地应对各种教育问题,缺乏与体育相关学科的理论知识和技能,对待体育的态度往往是草率的,不够严谨。这些问题的存在也是提高体育教育质量的一个主要障碍。因此,有必要对体育教师进行深入培训,以提高他们的综合素质,同时提高他们的教学技能和水平,使他们在促进体育教育方面发挥积极作用。

(四)高校体育教育的考评标准单一化

目前,对于体育教育的评价标准而言,我们所采用的是一般标准评价。而对于所有学生的评价,仅以其体育技能考试和理论考试为唯一标准是不公平的,因为评价过于强调考试成绩和分数的结果。仅凭狭隘的自我认知视角对体育进行评价,并将其作为优劣划分的依据,忽视了学生的个体差异,未能有效激发学生的学习热情,对高校体育教育的健康发展不利。

(五)缺乏体育场地和设施

随着高等素质教育不断扩大,出现了越来越多的高等学校,招生规模也在逐步增加。而随着学生数量的增长,高校在体育场地和设施上没有做出相应的改变与完善,这将会导致高校体育教学面临困境,阻碍体育教学质量的提高。

二、高校体育教学改革现状

在 21 世纪这个科技革命不断推进的时代，我国的持续进步离不开那些具备高度素养和卓越品质的人才，他们是推动社会前进的坚实保障。近些年来，高等教育领域的体育教育改革蓬勃发展，取得了显著的成效。尽管如此，传统的高校体育教学模式仍然束缚着高校体育教学，未能将理论教学与实践能力有机融合。因此，在当前形势下，如何提高高校体育教学质量就成为摆在我们面前需要解决的重要问题之一。部分高等院校的体育教学手段过于单一，导致学生对体育学习缺乏热情，从而极大地影响了体育教学的品质。高等教育中的体育课程内容相对匮乏，仅涵盖了日常体育运动中的田径、篮球、足球、排球等项目，而台球、交际舞等运动项目却鲜有涉及。

为了应对这一现状，国家发布了一份名为《关于深化教育改革全面推进素质教育的决定》的文件。文件明确提出，为了突破传统应试教育体制对高校体育教学质量的限制，应在高校中推广素质教育，以促进体育教学的全面发展。随着社会的不断发展进步，我国各高等院校也意识到开展体育活动的必要性与重要性，纷纷投入大量资源展开体育教学活动。在深刻认识到实践锻炼对体育教学的至关重要性后，各大高校开始对体育教学理念进行全面升级和创新。高校体育教学改革主要体现在以下几个方面：

（一）高校体育教学应以促进学生健康和培养终身体育精神为目标

随着素质教育体制的发展，终身锻炼已成为一种全新的教学理念，在现代高校体育教学中占据着越来越重要的地位。教师应当深刻认识到，学校体育教学改革是一项至关重要的任务，需要给予充分的重视和关注。在推进体育人才素质教育的过程中，应当特别注重培养学生的身体健康状况。

（二）高等体育教学应根据学生的独特发展需求进行个性化调整

伴随着《全国普通高等学校体育课程教学指导纲要》的颁布和实施，高校体育的教学目标、内容和组织形式均得到了相应的优化和升级。在体育教学过程中，教师不仅需要注重学生体育素质的提高，更需要关注学生的个性发展，注重激发学生的学习热情。

（三）对于体育教学进行内容和方法上的全面改革

随着素质教育体制的不断深化，高等教育中的体育教学呈现出多元化的发展趋势，同时在教学内容上，也开始注重传授体育知识和健身技巧。

三、高校体育教育发展的趋向

伴随着社会的不断发展与进步，人们开始重视脑力劳动，因此出现了大量的脑力劳动者，工时缩短休闲时间就会增加，加上出现了大量的健身娱乐场所和各式各样的体育俱乐部，这些都为体育教育带来了新的挑战。需要将传统的"促进学生身体健康"的体育价值观与"适应社会的必要知识技能"这一全新的体育教育价值观相融合，以建立一种符合时代要求和现代社会发展趋势的全新教育理念。为了满足那些家庭经济宽裕的学生的需求，一些高校建立了体育俱乐部。太极拳等传统武术项目已经成为部分高校不可或缺的核心课程。为了跟上未来的变革和发展趋势，我们必须对传统的体育教材内容进行重新审视、筛选和必要的补充，以满足客观需求。体育教学改革势在必行。为了更好地发挥体育教育在社会发展中的重要作用，必须对体育教学进行全面改革，使其内容丰富多彩、实用有效。

四、促进高校体育教学改革的对策建议

（一）强化学生体育意识的培养

为了推进高校体育教学的发展，国家公布了一系列改革措施，以促进其不断创新和提升，加强学生对体育的认知和理解，以推动形成积极向上的体育锻炼文化。在教学理念方面，应当引导学生深刻理解体育的本质，认识到终身锻炼的至关重要性，并强调知识与能力的有机融合。另外，在教学内容上，高校体育教师除了传授相关的体育理论知识，还应当传授多样化的健身技巧，以促进学生的身心健康。在教学组织方式方面，高校体育教师应以学生的个性发展为导向，在教学过程中注重激发学生对体育学习的热情。

（二）优化体育教学方法

在许多高校的体育教学中，虽然注重学生实践锻炼能力的培养，但却忽视了

对体育知识的传授和普及。部分高校未开设体育理论课程，部分高校即使开设其设置也相当不合理，极大地妨碍了高校体育教学质量的提升。为了应对这一不利现象，各大高校应当对体育课程的安排进行必要的调整和优化。高校应当对体育实践课程和理论课程进行全面评估，以使学生更深入地了解体育知识，激发他们对体育的浓厚兴趣。高校教师可以拓展高等教育中体育课程的内容，提供多样化的教学方式。在教学过程中，应以促进健康为首要目标，将终身体育锻炼作为体育教学的核心理念，以激发学生的终身体育意识和培养身体锻炼习惯为目标。教师要注重对体育理论和技能的教授。通过将体育知识的传授与实践锻炼相融合，可以有效地激发学生对体育学习的热情，促使他们积极主动地投身于体育锻炼之中。另外，学生通过参与体育活动，可以激发他们的创造性思维，同时通过锻炼巩固相关理论知识，能够进一步提升其综合素质，进而优化高校体育的教学方式，推动我国高校体育教学的进一步发展。

（三）增强高校体育教师综合素质

高校体育教学的进展在很大程度上受到体育教师综合素质与体育教学质量的影响。体育教师的综合素质涵盖了教学技能、训练能力、组织协调能力、创新思维和职业修养等多个方面。针对我国高校体育教师的综合素质亟待提升的现状，各大高校应当积极探索提高高校体育教师的综合素养水平的途径，并加强体育教师的职业技能培训，以提高教师的教学能力、组织能力等综合素质，为体育教学质量的提高奠定良好的基础。提升教师的教学水平，可有效激发学生对体育学习的热情，鼓励学生积极主动地参与体育锻炼，同时纠正学生在学习过程中出现的相关错误，从而推动学生体育教育的全面发展。为了使体育教师在教学中能发挥其本身的作用，只有加强对高校体育教师师资力量的保障，才能促进我国高校体育教学改革的深入和教学质量的提高。

（四）制定合理考核评价模式

在体育教学过程中，体育课程学习评价扮演着至关重要的角色，它是评估体育教学能力水平的一种重要手段。因此，我们必须转变传统的评估方式，注重多元化的评估，将学生的过去、现在和理想状态进行对比，更加关注学生发展的多个方面和个体差异，因材施教，让学生充分发挥自身的才能。教师应该积极引导学生进行自我评估，以帮助他们更全面地认识自我，发现自身的不足之处，这不仅可以培养他们正确评估自我的能力，还可以促进他们的自我改进和发展，同时弥补教师评估和学生自我评估的不足之处。

（五）加大对高校体育场地和设施的投入力度

当前，我国高校在体育教育上面临着严重的经费短缺问题，同时体育设施的投资力度不足，导致体育资源的严重匮乏，这是影响教学质量的一个重要因素。作为国家，必须对此领域进行相应的重视，并投入充足的人力和财力；作为高校的领导，应当高度重视学校体育场馆的基础设施建设，以多元化的渠道积极争取资金，并进行科学的管理和合理的规划，以逐步完善场馆的基础设施建设和场地的规划。

体育教学不仅能实现学生综合素质的全面发展，还能实现"文化强国"目标。只有通过不断的实践和完善，高校体育教学才能真正发挥其健身育人的功能，发挥其在培养高素质人才方面的重要作用，从而推动高校体育教学的持续发展。

第二章　现代高校体育教学的理论探究

在以往的高校体育教学中，学生掌握训练技能被作为教学重点，对体育理论缺乏足够讲解，导致一些学生体育理论缺乏，给学生综合体育素质的提升造成不利影响。事实上，体育理论可为学生的训练、良好心理的形成、处理突发状况提供指导。

第一节　现代高校体育教学的基本理念

一、"以人为本"的教学理念

（一）"以人为本"的理论依据

"以人为本"教学理念是在现代人本主义教育思想的基础上发展起来的。人本主义教育思想的产生，源于人在现代科学发展中对科学产品的使用和在智能化时代发展过程中对人的价值的丧失的思考。

进入20世纪后，随着科学技术的快速发展，科学主义成为当代教育发展的主流。在20世纪50年代的教育改革中，各种教学思想、教学观点层出不穷，其中认知心理学和行为主义理论对人性的认识分析带来困惑，教育工具化，接受教育、获取知识的兴趣的快乐体验无法得到重视，教育单纯成为人们获得更高技能与认可的一个途径。

也正是在科学技术不断发展的影响下，人类社会的生产生活方式和模式发生了很大的变化，科学改变生活，对人们启发很大，人们依赖科技，也会越来越受制于科技，因此在教育层面，人们也越来越强调"人本主义"，旨在将人从"器物"中解放出来。现代人本主义强调，应将人类从依赖科技中解放出来，恢复人在世界中的本体地位，而非依附于科技发展。

从社会发展中人的主体地位的体现到教育领域中对作为学习者、施教者的教学活动参与主体的"人"的重视,"以人为本"思想在包括教育在内的各个领域得到重视。

教育教学中的以人为本教学理念旨在将教学活动参与者从传统教学中的非人性化的状态中解脱出来,恢复人的教学主体地位,强调了"人"的重要性。在教学中,只有真正关注教师、学生的心理健康,才能保障教育可持续发展。

"人本主义"理论具有以下几个基本观点:第一,学习者是学习的主体,应受到尊重;第二,学习是丰富人性的过程,根本目的是人的"自我实现",强调教育应促进教学参与者(尤其是学生)人格的完整,促进人的认知与情感的丰富、提高;第三,人际关系是最有效的学习条件;第四,"意义学习"是最有效的学习。

(二)"以人为本"的教学观点

"以人为本"肯定了人在教育中的重要作用,在教育教学实践的广泛应用过程中,体育教育工作者和许多学者逐渐总结概括出了以下几个观点:

1. 教育以促进学生和教师自我实现为宗旨

首先,在体育教学中,学生的自我实现是要促进学生的身体、心理、智能、社会性等全方位的自我发展,让每一个学生都能通过体育教学有所进步。体育具有多元教育价值,通过体育教学能促进学生的各种素质的综合发展。在"以人为本"的基础性理论的支持下,体育教育强调了在体育教学中不仅要重视健康知识和运动技能的学习,还要通过科学的体育教学环境创设和教学过程安排来促进学生的心理、情感、智慧、社会性发展,使学生的情感和智力有机结合。教育学家卡尔·罗杰斯(Carl Rogers)认为,体育教育的一个重要教学任务就是在体育教学中促进学生的认知与情感的共同进步与发展,通过体育教学,发掘和发挥每一个学生的学习潜能,培养学生在各个方面的创造性,最终所培养出来的学生应具有创新、创造意识与能力,这样的人才才是社会真正需要的人才。

其次,在体育教学中,教师的自我实现最基本的就是能创造性地完成体育教学任务,在教学中实现作为教师的这一角色的价值,通过体育教学培养出适合社会发展的合格人才,促进学生的发展与进步。同时,在体育教学中,通过对体育教学的科学设计与各种丰富多彩的体育教学活动的开展和教学媒体媒介的应用来提高自己的教学能力、组织能力、社交能力、科研能力、创造力等,促进自我综合教学能力和体育素养的不断提高，实现自我职业生涯的不断发展，并能在日常工作和生活中身体力行地从事体育健身锻炼，不断提高自身的身体健康水平，并能对学生和周围的人形成一种潜移默化的影响。

2. 课程安排要尊重学生自由发展的需要

在人本教育理念产生之前，传统的教育侧重社会价值和工具价值，而"以人为本"的思想和观念使得人们认识到了传统工具化教育是对其本质属性的违背，必须认识到，人是教育的出发点，人本教育将教育的重点落实到人身上，关注人的健康成长。

体育教学所面对的教学对象是人，每一个人都与其他人存在个体差异，教育不是为了"批量生产人才"，而是旨在促进每一个人在健康全面发展的基础上的个性化发展。因此，体育教学应在统一要求的基础上做到因材施教，教师必须要尽可能实现多种多样、侧重点不同的教学课程设计，使每一个学生都能在体育教学中有所进步与成长，通过科学体育教学活动组织来引导学生的正确、充分参与，培养个性化的人才。

3. 教学方法的选择要关注学生的情感体验

人本主义教学理论强调"以人为本"，主张教学以学生为中心，实现个性化发展，而学生的这种发展都是从学习经验中体悟和实现的，因此这就要求体育教学中应重视科学化体育教学方法的选择，激发学生的体育学习兴趣，为学生创造良好的学习体验。

在"弘扬人的个性，强调以人为中心，尊重人的情感体验"的现代体育教学理念中，体育教师应全面了解学生、充分尊重学生、真正理解和信任学生，在此基础上，教师与学生之间的"高高在上""师命不可违"的关系才能彻底改变，才有助于教师与学生构建和谐的师生关系。而良好的师生关系的建立对于体育教学活动的顺利开展具有非常重要的意义。可以说，个人爱好、获得学分是学生学习体育的重要动机，而教师的个人魅力因素也对其具有重要影响。此外，师生的和谐关系建立也有助于教学活动中师生更好地配合，从而提高体育教学的质量。

（三）"以人为本"教学理念的高校体育教学指导

1. 对体育教育的价值进行再定位

传统体育教学在对"育人"的认识上存在不少误区。长期以来，人们总是在理解体育科学化的基础上，采用生物学的观点来对学校体育的价值做出判断，并且过多地关注学校体育"增强体质"的功能。此外，在对体育运动的本质理解上，一些教师存在一定的偏差，以足球运动教学为例，我国体育教材普遍将其确定为"是以脚支配球为主，两个队在同一场地内进行攻守的体育运动项目"[1]，针对此概念，有教师认为，"球"是活动争夺的目标，自然应该处于主体地位，因此也就忽视了"球"要受制于人，"人"才是整个体育活动中的活动主体。

在全球化的发展背景下，各种思想文化处在不断地发展和融合之中，教育思想也呈现出这一发展趋势，人本理论和"以人为本"教育理念的提出体现了当代社会对人的发展的重视，在体育教育教学领域，当前的学校体育更加强调人性的回归，学校体育的根本出发点和落脚点应是"育人"。

在现代高校体育教学中，"以人为本"教学理念是符合当前时代的发展要求的。当前，人的发展在社会的各个领域受到了重视，即使是在智能时代，很多机器生产代替了人工生产，但是发明机器、操控机器的还是人，人在人类社会的发展中是起到关键作用的，任何时候都不能忽视人的作用。

人本主义教学理念与思想指导下的体育教学，就是要求教育者在体育教学活动开展过程中关注作为教学对象的学生，教师的教学活动开展需要学生的参与、配合，如果没有学生的参与，则教学活动就没有开展的意义了。

必须提出的是，教师也是教学活动中非常重要的参与方，也是应该受到关注的。体育教师在教学活动中所发挥的作用也不容忽视。现阶段，我国的体育教学思想呈现出多元化的发展趋势，诸多教学思想都围绕"人"的教育展开论述，探讨了体育教学中如何更好地促进和实现"人"的发展。

2. 重新构建体育教学目标

在我国，传统的学校体育教学目标为增强学生体质、掌握"三基"和德育，体育教学过于功利化，过于追求竞技成绩和金牌数量，而严重忽视了学生的健康发展，这是不利于整个教学的可持续发展的。

而随着体育教学的不断改革，新的科学化的教学理论、教学理念给了体育教育工作者更多的教育启发与指导，体育教学的育人作用被不断丰富，多元化的学校体育价值体系对体育教学目标重构提出了要求。

---

[1] 孙麒麟，顾圣益. 体育与健康教程：第4版[M]. 大连：大连理工大学出版社，1995.

新时期，"以人为本"的教育理念在学校不同学科的教学中广泛应用并渗透，也有越来越多的学者认识到传统的体育教育体制不再适合当前的体育教育教学，不能单纯地追求学生的外在技能水平，而应该重视学生的全面、健康、可持续发展。新时期的体育教学的重点转移到"以人为本"上，在体育教学中，教师必须认识到，人是运动的参与者，是运动的主体，体育运动的教学和训练也必须以促进人的全面发展为根本目标。

3. 树立教学主体观

现阶段，"以人为本"的教学理念已成为我国体育教学的重要教学理念，在我国的体育教学实践活动开展过程中，越来越多的教师开始关注学生，从学生的特点、条件、基础和学习需要出发来选择教学内容、选择教学方法、选择教学组织形式与教学模式。高校体育更多以选修课形式设置，教师也正是通过个人教学能力、对学生的"因材施教"和关心关爱学生、研究学生获得学生喜欢，进而促进更多的学生来选修自己的体育课程。

总之，学生是教学的主体，没有学生，教学也就不复存在了。

4. 优选体育课程内容

传统体育教学对学生的全面健康发展关注不够，体育教学课程内容主要是竞技体育运动技能训练，体育理论课通常被体能训练课、技能训练课代替，而新时期的"以人为本"教学理念重视学生的全面、健康、个性化发展，在体育教学内容选择上，也更加科学。

在"以人为本"教学理念指导下，我国的体育教学有了很大的进步与发展，为了进一步促进我国体育教学的改革，教育部门先后修订各级学校体育教学大纲，强调在体育教学中要不断丰富体育教学内容，通过多样化教学内容促进学生身心健康全面发展。在高校体育教学中，教学活动的开展应在落实"健康第一"教学理念的基础上进行，通过丰富的体育教学内容来吸引学生参与体育锻炼，通过体育教学促进学生身心健康全面发展，而非传统体育教学中只关注竞技能力提高，有时为达到"竞技能力提高的目的"甚至安排不合理的教学内容，超负荷地揠苗助长，这会对学生身心健康造成损害，这种行为是"健康第一"教学理念坚决禁止的。

此外，在丰富高校体育教学内容的同时，"以人为本"教学理念还强调体育教学内容应与不同大学生的发展需求相适应，在体育教学内容优选中应注意以下几点要求：

第一，突出体育教学内容的趣味性，在课程改革过程中，激发学生学习的兴趣。

第二，强调体育教学内容的健身性，过度强调提高竞技技术的体育教学内容应予以摒弃或改编，使之能更好地为促进高校大学生的身体健康服务。

第三，重视体育教学内容的适用性，体育教学内容的教学实施应有利于学生当前的身体健康发展，并能为高校大学生的终身体育意识和体育能力的培养奠定基础。

第四，关注体育教学内容的创新性，高校体育教学内容还应适应现代化社会发展潮流，应具有启发性、创新性，促进高校大学生的创新意识和能力培养。

二、"健康第一"的教学理念

（一）"健康第一"的理论基础

从世界范围来看，"健康第一"教学理念的提出是符合世界教育发展趋势和社会对人才的发展要求的。

1. 世界各国都在关注人类的健康发展

在人类社会的发展历程中，健康始终是一个备受关注的课题。人类健康是推动人类社会发展的一个必要条件。

随着国际的大众健康交流日益增多，各国和地区都非常重视本国和本地区的大众健康发展，整个社会已对体育的功能、价值等方面形成了全新的认识。在教育领域，重视学生的健康发展，成为各个国家和地区重视本国体育事业和教育事业发展的重中之重，体育健康教育对增强青少年体质健康水平和通过青少年群体影响周围群众健康、实现青少年进入社会成为社会体育人口间接增进社会大众健康具有重要而深远的影响。

2. 社会发展对人才健康成长的客观要求

随着科学技术的不断进步、经济发展迅速、社会生活节奏日益加快，人类的体力劳动越来越少了，长时间伏案工作所造成的"运动不足""肌肉饥饿"严重影响了人们的身体健康。

在当前和未来社会的发展过程中，健康问题将始终是影响个人和社会发展的一个首要问题，社会的快速发展与激烈竞争要求现代人才不仅要有正确的政治思想，具备扎实的科学知识和能力，还必须具备强健的体魄，"身体健康是其他一切健康的基础""身体是革命的本钱"，身体健康是个体生活、学习、工作的基础，如果没有一个健康的身体，则很难在社会劳动力竞争中占据优势，社会竞争对劳动力的基本要求就是身体健康。要想在竞争中立于不败之地，必须首先拥有一个健康的体魄。

教育的最终目的是促进个人的健康发展、培养符合社会发展的合格人才，对学生群体的身体健康教育是体育健康教育的重中之重。

（二）"健康第一"的教育特点

"健康第一"教育理念内涵丰富，其在体育教学实践中表现出以下特点：

1. 着重指出身体健康是养生之本

"健康第一"，其中所提到的"健康"是全面的健康，是包括身体健康、心理健康、社会健康、生殖健康等在内的多维健康，而健康的基础是身体健康——健康的体魄是人类发展的基本标志。教育应首先关注健康教育。

2. 强调素质教育多元健康发展

"健康第一"作为一个现阶段的重要的先进教育理念，强调体育教育应重视学生的健康发展，指出学校教育教学的首要目标是促进学生的健康成长，学生的身心健康比"卷面分数"更为重要。

3. 突出健康教育的全面性

（1）学生身体健康教育

在"健康第一"指导思想下，高校体育教学应时刻关注学生的各方面健康的综合发展，通过体育教学，关注和促进学生的身体健康发展，也促进学生的心理和社会性的发展，为学生奠定良好的身体基础、心理基础，并使其能在走出校园走进社会之后能有良好的身心健康状态和水平应对生活、工作、再教育中的各种挑战。

（2）学生心理健康教育

现代社会竞争日益加剧，各种社会竞争要求社会生活中的每一个成员都应具备良好的心理素质，如此才能正确地看待、应对学习、生活、升学、就业、恋爱、婚姻等过程中的各种问题。当前，就我国高校大学生群体而言，许多大学生都深受学业、就业、生活中的各种问题的困扰，存在不同程度的心理问题。因此，教育关注学生心理健康非常必要。体育具有促进运动者健康心理形成和发展的重要作用，现代大学生压力大，也容易受不良因素影响，高校体育教育应关注大学生的心理健康发展，通过开展体育教学活动，促进大学生心理健康发展。

（3）学生社会性发展教育

体育是一种独特的教育形式，学校体育教育要想促进学生的社会性良好发展，应该在教学中有意识地培养学生的人际关系建立、竞争与合作能力。

综上所述，在高校体育教学活动开展中，应深入挖掘体育的教育价值，在体育教学实践中充分贯彻"健康第一"的教育理念，切实促进学生身心健康全面发展。

（三）"健康第一"教学理念的高校体育教学指导

1. 确立体育教育的新理念

"健康第一"教学理念对我国的体育教育的最重要的影响就是促进了教育重点和方向的转变。新时期，要想贯彻"健康第一"教学理念，就必须转变体育教育观念，改变竞技化体育教育，关注学生身心健康发展。应该把教育的重心从单纯地追求学生的外在技能水平向追求学生的全面协调发展转移。

新时期，需要不断深化高校体育教育教学改革，落实健康教育，每一个高校、每一个高校体育教育工作者，都应该形成正确的体育价值观、培养良好的意志品质，不断完善性格特征。总之，现代科学化的体育教育应该将体育教育工作理念从以往单纯的以"增强体质"为主转移到"健康第一"的新型教育观、发展观上。

现阶段，社会发展对人才的要求是全面深化的，一名合格的社会人才应该是健康发展的人才，身体健康、心理健康、社会性健康等，缺一不可。

2. 明确体育教学的目标

在当前的体育教育教学实践中，"育人"是学校体育教学工作的最根本目标，技术教育和体制教育并不能完全作为学校体育实践的重心，"健康第一"的教育理念为促进我国高校体育目标多样性、多层次的建构提出了新的要求。

第一，高校体育教育应重视加强学生的体育文化知识教育，提高学生体育文化素养。

第二，高校体育教育应充分融合健康、卫生、保健、美育等多种教育内容，通过内容全面的体育教育来培养学生健康的体育意识、健康的娱乐休闲习惯，远离可能影响个人身体健康的一切不健康因素和事件。

第三，高校的体育教育工作应紧密结合学生生长发育与生活实际开展健康教育，使学生学会自我保护，预防疾病发生。

第四，高校体育教育应重视大学生青春期教育和心理健康教育，并将其作为健康教育的重要内容，为学生在特殊时期的健康成长提供科学指导。

3. 健全体育教学课程体系

深化高校体育教学课程体系改革是促进高校体育教学发展的一个重要和有效的途径，要贯彻落实"健康第一"体育教学理念，就必须在体育教学课程体系建设方面做好工作，不断丰富体育教学课程体系内容，以更好地满足当前高校大学生的多元化、个性化的体育健康发展需求。

在"健康第一"教育理念影响下，我国的高校体育教学课程现状发生了很大的改变，如体育课程内容的增加，教学方法的不断丰富，学校体育课内与课外活动的有机结合，体育选修课越来越考虑大学生的学习爱好与需要，体育课程与内容设置针对不同专业学生凸显出了专业特点等。

现阶段，要继续贯穿"健康第一"教学理念，建设更加完善的体育教学课程体系，应持续做好以下工作：

第一，在高校体育教学中，应始终坚持以学生为主体，将学生的身心健康发展放在首位，所有教学活动的开展都应为促进学生的健康发展服务。

第二，调整体育教学内容，充分了解学生的特点和需求，对体育教学大纲所规定的教学内容进行科学选择，对于不适合本校实际教学情况和本校学生的教学内容进行调整，使体育教学内容能更好地从理论落实到教学活动实践中。

第三，通过丰富的体育教学内容吸引高校大学生的体育学习与体育参与兴趣，通过丰富的体育教学内容满足大学生的不同体育学习需求。

第四，重视教学内容的因地制宜，根据本地区气候、资源以及学校自身教学特点来进行特色化的体育教学课程设置，并研究推出更能反映本校学生健康发展的健康监测内容与标准。

第五，重视高校大学生课内体育教育与课外体育活动的有机结合，加强体育课对学生的教育意义和提高学生对体育课的兴趣，并使学生养成科学合理的作息习惯、健身习惯，在课余时间也能科学健身，保持健康的生活方式。

4. 注重体育教学方法的优化

体育教学效果受到体育教学方法是否正确的影响，在高校体育教学中，有很多体育教学方法可以供教师进行选择，不同的体育教学方法有不同的特点，同一种体育教学内容可通过多种教学方法来展现给学生，体育教师应该判断出哪一种教学方法是最合适的，这样可以促进教学方法应用的最优化，进而促进体育教学效果的最优化。重视体育教学方法优化，要求体育教师具有良好的体育教学能力，有能科学选择各种教学方法、有效应用各种教学方法的能力。

5. 健全教学评价体系

在"健康第一"思想的影响下，体育教学的评价应以学生的体质增强、身心健康发展为重要评价指标，完善体育教学评价体系。

"健康第一"教学理念指导下的高校体育教学评价体系的科学化构建与完善的具体要求如下：

第一，在对学生的全面评价中，要重视对多方面的教学效果进行量化分析，并且将定性评价和定量评价相结合，提高教学评价的科学性，使学生能更好地认识自身的不足以及获得学习的动力。

第二，在对学生的全面评价中，要做到评价内容的全面、评价指标的全面、评价方法的全面，还有尽量做到邀请不同的评价主体进行评价。

第三，体育教学不仅要注重对学生进行全面的评价，还要注重对教师教学方面的评价。

三、"终身体育"的教学理念

（一）"终身体育"的基本含义

"终身体育"教育思想的形成是人类自身和社会发展的必然。终身体育包括两个方面的内容：

首先，终身教育贯穿人的一生，从出生开始一直延续到生命的结束，在人的一生中，都应养成参加体育锻炼的习惯，体育是日常生活的重要组成部分；

其次，终身体育是科学的体育教育，在人的一生中的不同的阶段，都有正确的价值观念来指导和引导个体参加体育活动，并通过参加体育活动实现身体的健康发展，终身受益。

具体可以从以下几方面来理解终身体育：

①时间方面，贯穿人的一生；

②内容方面，项目丰富多样，选择性强；

③人员方面，面向社会全体公民；

④教育方面，旨在提高全民体质健康水平。

学校"终身体育"教学思想的树立和形成能有效促进我国体育教学的发展，是所有运动项目的教学都应该树立的一个正确教学思想和观念。

要切实推动终身体育教育理念在高校的贯彻落实，教师在推动"终身体育"教育思想的落实方面具有非常重要的责任与作用。调查发现，在学生对于体育运动的参与方面，有很多学生受到教师的影响，特别是教师业务水平的影响，教师应在教学中和课堂外都提倡学生积极参与体育锻炼。

在体育课堂教学中，教师应关注学生终身体育意识和能力培养，不能只关注和过于重视技术、技能教学。

在体育课堂外，教师可以组织学生开展各种体育活动、体育游戏，对高校大学生体育俱乐部活动的开展，教师应鼓励，并给出指导性意见和建议。

（二）"终身体育"的理念特点

1. 体育锻炼时间的终身性

"终身体育"是一种先进的教育理念，其最为重要的一点就是它可以令个体一生受益。

从教育功能作用于个体的影响来看，"终身体育"突破了传统的学校体育目标过分强调学习和掌握运动技能的观念，打破了传统的体育教学把人接受体育教育的时间仅仅局限在在校学习期间的限制，而是将体育教育时间大大延长，囊括了人的一生。

"终身体育"教育理念强调体育教学应符合学生生长发育、心理发育的客观规律，以及健身的长久性，注重培养学生对体育的爱好、兴趣，养成锻炼的习惯和能力，强调体育的终身参与、终身受益。

2.体育锻炼群体的全民性

"终身体育"的教育对象指接受终身体育理念的所有人,每一个社会成员都应该积极参与,它是面向全体社会成员的。从学生在学校体育教学中逐渐培养起体育锻炼意识,到走出校门走进社会之后能持续参与体育锻炼,"终身体育"为人们以后的整个人生参与体育锻炼奠定了良好的基础。因此,终身体育教育的主体并不局限于在校学生,而是面向所有民众。

体育教育是一个需要长期坚持的系统工程,生存、健康是社会和时代发展的主流,健康是人们生存生活的重要基础,体育健身与生活是密不可分的。因此,无论个体的年龄、社会身份发生怎样的变化,都应该成为"终身体育"的教育对象。

3.体育锻炼目的的实效性

"终身体育"是以适应个人发展和社会发展为根本着眼点的。因此,终身体育参与必须要做到因地制宜,因人而异,不同的人应结合自身实际选择具体的锻炼内容、方式、方法等,同时,这一理念应融入日常的生活、学习、工作中。在现代社会生活中,人们为了改善自己的生活质量,会根据自身条件合理选择适合自己的体育方式,并能够做到有的放矢,具有较强的针对性和实效性。

在高校体育教育教学中,体育教学的内容选择、方法运用都应为提高学生的体育知识、体育技能服务,不断增强学生的终身体育意识和终身体育能力,如此,在大学生毕业进入社会后,才能持续参与体育健身锻炼。

(三)"终身体育"与体育教育

1.终身体育与学校体育的共同之处

(1)共同的体育目标——育人

体育具有多元教育价值,无论是终身体育,还是学校体育,其最终目标都是实现体育运动者的体育、智育、德育、美育等多元教育价值,更好地促进运动参与者的健康全面发展。

健康的身体是一切的前提,学校体育教学就是要培养学生的终身体育意识与能力,以为其健康的一生更好地实现个人价值和社会价值奠定健康基础。

(2)共同的体育任务——掌握体育知识,提高运动能力

个体的终身体育健康参与,离不开科学体育知识做指导,离不开体育健身锻

炼实践活动参与，而同时，体育知识与体育技能的掌握，也是高校体育教学的重要任务，只有掌握这两方面的内容，才能更加科学地去从事体育健身实践活动，才能通过身体力行的体育活动参与实现运动者的身心健康全面发展。

（3）共同的体育手段——健身

终身体育活动参与和体育教育都是通过参与体育运动健身来实现体育的教育价值的，最终的个体行为也都落实在体育健身活动上面，终身体育强调个体应养成终身参与体育锻炼的习惯，在人生的每一个阶段都积极参与体育健身锻炼。体育教学以学生的身体练习为主要教学手段，通过身体活动促进身心、社会性全面发展。

2.终身体育与学校体育的差异性

（1）体育参与的期限不一

终身体育贯穿人的一生，学校体育只负责学生在校期间的体育教育。

（2）体育教育的对象各不相同

终身体育以全社会所有成员为教育对象，学校体育以在校学生为教育对象。

（四）"终身体育"教学理念下的高校体育教学指导

1.改变传统的体育教学思想

在"终身体育"教学思想指导下的高校体育教学，应该在体育教学内容、体育教学方法、体育教学评价等各方面都要做到以培养和增强学生的体育终身意识和能力为标准，采用与学生日常生活、学习、工作关系更密切、关联程度更大的体育项目教学，培养学生的运动习惯，而不是仅仅关注学生的运动技能掌握情况。

在高校体育教育教学过程中，教师应将体育教学达标标准的制订从单纯和过度关注技能指标的思想观念中解放出来，关注学生的体育价值观、体育态度、体育意识、体育行为习惯，如此才能真正有针对性地开展体育教学，才能真正实现终身体育教育。

"终身体育"教学理念是高校体育教学改革的指导思想，也是高校体育教学发展的落脚点。

2.注重培养学生的终身体育意识

个体的体育活动参与行为的实现，必须建立在对"终身体育"教育理念有一个正确的认识的基础上，"终身体育"意识是高校大学生主动进行体育学习、体育参与的重要内部驱动力。

当前，社会节奏快、生活压力大，每一个人都面临着各种各样的生理和心理负担，要获得高质量的生活，就必须确保身心健康发展。体育运动能有效促进运动者的身心保持良好的状态，而终身体育对于学生的身心素质发展具有重要促进作用。学生走进社会之后，在社会上面临的各种压力并不比学生时代少，甚至要更多，体育健身锻炼是一种身心压力释放、身心健康状态重塑的过程，对运动者保持良好身心状态，迎接生活、学习、工作挑战是非常重要的，可以有效提高个人生活质量，提高学习、工作效率。

终身体育活动参与对于个人的社会性发展是具有重要的促进作用的，大学生坚持体育健身锻炼，能有效增强身心适应能力，可以在毕业步入社会后更好地适应社会，提高自己的抗压能力。

在现代高校体育教学实践中，要想培养学生的终身体育意识，教师应做好以下教育引导工作：

第一，引导学生树立正确的体育价值观。

第二，端正体育学习态度。

第三，将素质、技能、知识、能力等教育内容渗透到终身体育教育中。

第四，通过体育教学丰富学生的体育知识、体育技能，提高终身体育参与能力，为终身体育锻炼奠定基础。

3.设置更为丰富的终身体育教学内容

学生的个体差异性决定了学生的体育兴趣爱好不同、所适合从事的体育运动项目不同、所渴望学习的体育运动知识与技能不同。因此，在高校体育教学中，不能只追求学生某一特定的运动技能和运动的熟练程度，更要重视不同学生的不同体育发展需求，尽可能地丰富体育教学内容，使其多样化。

在"终身体育"教学理念指导下开展体育教学工作的具体要求如下：

第一，延伸与拓展学校体育课堂教育，使学校体育向终身体育延伸。

第二，不同教学内容的课程目标设置应在充分了解与分析学生的现状的基础上进行，以体育课程终身体育教学目标为导向组织体育教学。

第三，选用体育课程内容时，应重视对休闲体育项目、时尚体育项目的引进，开展能够激发学生体育兴趣和潜能的体育活动。

4.注重学生需求与社会需求的一致性

"终身体育"旨在为学生提供一种健康的生活态度与生活方式。对于任何人来说身体健康都是个体适应现代社会生活、工作、发展的必要条件。

高校体育教育的终身体育教育理念的贯彻，就是要在培养符合社会发展的合格人才的基础上，促进学生的个性化发展，实现学生的社会价值与个人价值的共同发展。对学生需求与社会需求的统一性的实现，高校终身体育教育应做好以下工作：

第一，重视国家需要、社会需要与学生个体需要的有机结合。

第二，明确学生需要与社会需要的相对地位。这是正确处理学校体育发展与社会需要适配性的关键问题。

第三，重视体育教育的健身价值与人文价值的实现，重视体育知识、体育技能、体育习惯的共同培养。

第四，围绕学生开展体育教学，充分满足学生的学习和发展需求。

第五，全面提高大学生的体育素养，以符合社会发展对人才的体质、体能、知识、精神、道德要求。

"终身体育"教育有四个支柱，即"学会认知、学会做事、学会生活、学会生存"，但应充分考虑"终身体育"与"以人为本""健康第一"的有机结合。

第二节 现代高校体育教学内容的构建

一、体育教学内容的特点

（一）体育教学内容结构的特点

体育教学内容结构是指，在体育教学过程中，特定内容之间的协同作用和分工安排。学生在掌握体育知识和技术技能的基础上，通过品格培养和体育方法训练来实现体育教学目标。满足社会和学生的双重需求是其必须具备的基本条件。只有当这种"合理"的知识结构符合了学生发展的需求时，才会使他们对体育课产生浓厚的兴趣。激发学生内在的求知欲望及积极主动的学习行为，是促进其学习成长的重要途径。也就是说，要提高体育课教学效果就得首先使教师和学生都喜欢上这门课，只有这样才有可能达到预期目的。达成体育教学目标需要建立在相关教学内容的协同作用和综合效应的基础上，因此优化和组合教学内容是关键。而社会需求则是社会对教育目标的迫切需求。从这个视角来看，满足社会需求的过程是一个推动学生逐步提高社会化水平的进程。必须掌握体育教学内容结构的基本特征，因为社会需求和学生主体需求虽然具有统一性，但它们在满足层次和时间顺序上存在差异。

1. 体育教学内容结构的目的性

体育教学内容结构呈现出明显的主观目的性。只有当体育教学内容的客观需求与主观目的相契合时，才能建立起一种合理的体育教学内容结构。目的性有两层含义，一是在不同的学习阶段，学生对体育教学内容的需求存在差异。为了满足不同学习阶段学生的需求，体育教学的内容结构需要呈现出层次性，因此需要在丰富多彩的体育教学内容中精心筛选和合理组合，以符合体育教学目标的要求。二是体育教学的内容结构应当优化认知结构、技能结构、能力结构及体育方法结构，以促进其形成更为合理的认知框架。体育教学的基本要求就是使受教育者能够掌握一定数量的知识技能。因此，为了培养学生在体育知识、技术技能、体育方法和终身体育能力方面的全面发展，体育教学内容结构必须具有明确的目标。例如在小学阶段，为了激发学生对体育的兴趣，学校会培养他们的基本活动能力，提高其自尊心和自信心，并进行团队精神的熏陶，体育教学会采用多种形式，包括活动性游戏、简单的体操和小型球类活动等，让学生在学习过程中感受到体育的乐趣，在集体练习中培养协作精神，树立自信，并在整个活动中提高各种基本活动能力。而进入中学阶段后，体育教学的目标和侧重点发生了变化，因此需要相应地调整教学内容的结构。

2. 体育教学内容结构的关联性

体育知识和运动技能的种类是极其丰富的，任何一种体育教学内容的结构都只能涵盖其中的一部分，因此所选取的这一部分内容应当具有广泛的联系性，通过这些内容的教学，要能够有效地拓展学生的知识领域，奠定优秀的体育运动技术技能基础，并建立健全良好的能力结构，为学生未来的发展奠定坚实的基础。

体育教学内容结构的联系性表现在两个方面：

（1）具有横向特点的广泛性

全方位的身心发展需要掌握保健、营养、卫生、锻炼原理、竞赛规则等基础知识，同时还需要掌握各种运动技术技能和练习方法，以促进身体的全面发展。在高校体育课中，选择和确定一个系统完整、相对稳定的教学内容是很重要的环节。要形成良好的体育态度和体育能力，必须具备广博的体育基础知识和多样化的运动技术技能，这是不可或缺的条件。

（2）具有纵向特点的复合性

随着学习的不断深入，体育教学内容应当逐步拓展，这是教学过程中的基本规律，而单一的教学内容则呈现出其独特的纵向特征。然而，实现体育教学目标的多元化需要多种教学内容的综合效应，这种综合效应必然需要多种内容的纵向协同发展，即纵向发展的复合性。通过将复合性和广泛性融合，体育教学内容结构的全面性和协同性得到了提升，同时教学内容的广博性和教学内容之间的联系性也对学生创造性的发展产生了显著的促进作用。

3. 体育教学内容结构的兼容性

体育教学内容结构的兼容性体现在其内部相互渗透、相互贯通，形成了一个完整的知识体系，并产生了共轭效应。作为一种知识结构，体育教学内容的结构应当呈现出纵向和横向的相互关联，这种内在的相互关联性质必然要求不同的内容之间相互协调。体育教学内容结构呈现出共性和灵活性，这使得它们在促进身心发展方面能够相互协调。由于体育教学内容结构的兼容性，教学内容的选择变得更加灵活多变，同时体育知识技能也呈现出更为综合的特点。

4. 体育教学内容结构的动态性

为了跟上体育科学的发展步伐并满足社会发展的需求，体育教学内容结构必须具备不断变化的动态性。随着人们对体育科学研究的日益深入、对人体认知的不断加深，体育锻炼对身体的影响日益凸显，同时运动行为对心理的影响也日益凸显，这些都为我们带来了全新的知识。体育内容结构必须及时反映出这些新的知识，以确保其在实践中得到充分的体现。此外，随着社会的不断演进，对于人才素养的要求也在不断演变。这种变化不仅体现在学校教育中，而且还表现在人的日常生活以及与之相适应的社会交往方面。由于现代社会快节奏、高竞争性的特点，各行业对人才的竞争力、创造力和良好的心理素质的要求越来越高，因此要将这些要求以满足社会需求和学生需求为出发点反映在体育教学内容结构。总的来说，体育内容的构成始终处于一个不断演变的动态过程中。

5. 体育教学内容结构的现实性

实践是体育教学内容的核心，因为它是体育本质属性的必然体现。高校应以正确理解和指导体育实践为基础，构建一个以体育实践为核心的知识体系网络。在实践过程中，活动性内容应当以对身心健康水平产生积极的影响为基础。换言之，我们需要综合考虑其对体育教学目标的贡献，以及各个内容之间优势的相互补充，以实现教学内容体制改革的个性化优势和多种内容的有机结合。这一种优势现象的显现，源于其建立在实践的基础之上。

（二）体育教学实质内容的特点

在教育内容中，体育教学内容是一个重要的有机部分，因此体育教学内容与教育内容有共同的特点，同时，它还具有自身的特性，而对这些特性的理解对于从事体育教学的人来说是非常重要的。

1. 教育性

由于体育教学内容是对受教育者进行教育的媒介，所以当人们把这些身体活动选为体育教育的内容时，首先想到的是它的教育性。体育教学内容的教育性体现在：①对学生的身心发展有好处；②摒弃了落后的东西（如赌博、伤害性搏斗等）；③既有冒险性又比较安全；④适合于大多数学生；⑤避免过于功利性。

2. 科学性

由于体育教学内容是在学校进行的有目的有计划的系统的教学内容，因此体育教学内容必须同其他教育内容一样，具有很强的科学性。体育教学内容的科学性体现在以下三方面：①体育教学内容的科学性是人类文化与科学相结合而得出的成果，其内涵是十分丰富的，如身体科学原理、锻炼科学原理、训练科学原理以及相关的社会科学原理等；②体育教学内容含有极高的科学与文化；③体育教学内容在内容的编制上和教学上都遵循科学的规律与原则。

3. 系统性

体育教学内容的系统性表现在：①体育教学内容本身的系统性，换句话说，项目之间、内容之间与技术之间在体育运动的内在规律上有着相互联系与制约的关系，由此就形成了编制体育教学内容的基础——体育教学内容的内在结构。②在认识了解体育教学内容的内在规律的特征时，要做到以教学环境和条件、教育目标、学生各个年龄阶段的发展特点为基础，并对各学校、各年级的教学内容进行系统合理的安排，还要将他们之间的关系处理好。

4. 运动实践性

运动实践性是体育教学内容的最突出的一个特点。这里的运动实践性是指体育教学内容的绝大部分都是以身体练习形式进行的，体育教学内容与体育实践活动密切相连，受教育者本人必须在从事这种以大肌肉群运动为特点的运动时才可能真正学好这些内容，通俗地说，就是光用语言的传递，光靠看、想、听是无法学好体育教学内容的。当然在体育教学内容中也有知识和道德培养的内容，需要注意的是，在学习与培养道德时，要在运动学习和实践的基础上进行，与其他学科的内容不同，体育教学内容只有通过运动中本体肌肉意识和运动记忆才能准确掌握。

5. 娱乐性

如前所述，体育教学内容来自各种身体活动，而这些身体活动的绝大部分又是来自人的娱乐性运动，所以体育教学内容自然内含着运动的乐趣和娱乐性。这些运动的乐趣体现在运动学习和运动竞赛中的竞争、协同、克服、表现等心理过程中，体现在受教育者对新的运动的体验和对学习进步的成就感中，体现在运动的环境、场地、比赛规则、比赛形式等变化和加工方面。当受教育者在从事体育教学内容时，必然存在对这些运动乐趣的追求动机，体育教学的效果也受到体育教学内容娱乐性的影响，这也是体育教学内容与其他文化课内容的主要区别。

6. 健身性

由于体育教学内容中的很大一部分是以大肌肉群的运动为形式的技能学习与练习，体育教学内容的学习就必然会对身体形成一定的运动负荷，因此在运动量合理的情况下，参加体育教学内容的学习和练习时，都会对身体产生锻炼的作用，但是这种锻炼作用由于教学时间的安排、量的多少和学习目标的优先等各种因素，经常处于非组织性的状态，或者说只是一种副产品的状态。针对这样的情况，教师在教学实践中做了很多突出体育教学内容健身性的努力，如在编制体育教学内容时根据受教育者不同的身心特点将这些健身作用进行科学化的设计和控制、在体育教学中将以身体不同部分为主的内容进行搭配、在教学过程中对运动负荷大小进行合理安排、对每个教育内容的健身效果进行评价等，可以说，体育教学内容的健身性特点是其他教育内容所不具备的。

7. 人际交流的开放性

由于体育教学内容多是以集体活动的形式来进行的，在学习、练习和比赛中人的交往和交流极其频繁，因此体育教学内容与其他教育内容相比具有更明显的人际交流的开放性。体育教学内容以这种人际交流的开放性为基础，构成对集体精神、竞争、协同培养的独特功能，使得在体育教育内容的学习过程中师生、生生之间的关系更加密切、开放，一些以小组进行的内容使得组内的各种分工明确，体育学习中的各种角色变化远远多于其他学科的学习。

8. 空间的限制性

体育教学内容还有一个"空间限制性"的特点。这是因为有很多运动是在固定的场地上进行的，甚至是以场地来命名的，如"田径""沙滩排球""郊游"等。换句话说，如果这些内容离开了特定空间，其内容就会产生质的变化，甚至内容本身就不存在了。体育教学内容的空间限制性，使得体育教学内容对场地器材具有很大的依赖性，而且使得场地、器材、规则本身也成为体育教学内容的重要组成部分。

二、体育教学内容的选择

体育教学内容非常丰富，而真正作为教学内容的，仅仅是其中的一部分，因此需要我们去认真遴选。在选择体育教学内容时，我们应该遵循以下原则：

（一）实践性和知识性相统一的原则

实践性和知识性相结合是由体育的本质属性所决定的。利用身体活动来达成教学目标是体育教学的一种最重要的形式。通过实践，要使身体的大肌肉群得到活动，各内脏器官系统得到锻炼，同时体验到体育的乐趣，这些都是以体育教学内容作为媒介来实现的。体育教学的一个重要目标就是使学生掌握体育知识和发展体育能力，为终身体育奠定基础，这个目标的实现就依赖于实践性和知识性的结合。知识性主要体现在为什么做、怎么做和为什么要这样做上，这固然要通过基础理论内容来讲授，但更多的是在实践中体验、理解，通过运用来强化。体育教学内容就是联结实践与知识的纽带。

（二）健身性和文化性相统一的原则

健身性是体育教学区别于其他教学的显著特点。体育教学内容具有健身性是体育教学的本质属性的反映。文化是人类认识世界、改造世界和适应环境的产物，体育教学内容的文化性就是体育教学内容要有利于提高学生对体育的认识，促进体育情感的培养，树立体育的价值观和体育理想，进行良好的体育道德熏陶。健身性和文化性相结合，使体育教学内容既具有良好的健身价值，又具有丰富的体育文化内涵。

（三）民族性和世界性相统一的原则

体育的形式和内容总是与一些国家或地区的民族文化传统和民族习俗有关的。当今许多风行于世界的体育项目都是发端于各个不同的民族和国家。例如，我国的武术、日本的柔道、希腊的马拉松、欧洲的击剑等，无不具有鲜明的民族色彩。体育教学内容的民族性就是要把具有我国民族特点的那些优秀项目吸收进来，既发挥它们的健身功能，又发挥它们的优秀传统教育效应。但体育教学内容仅强调民族性是不够的，任何民族，无论多么优秀，在发展过程中总会受到来自方方面面、形形色色因素的约束，总会具有一定的片面性。对于大千世界来说，这种局限性就显得更为明显了。因此，体育教学内容必须体现出民族性和世界性相结合的特点，既要在保留优秀的民族体育内容，又要充分吸取世界各民族的优秀体育内容，将它们融合在一起，使之形成一个优势互补、功能齐全的体育教学内容体系。

（四）继承性和发展性相统一的原则

继承优秀的传统文化是教学的重要功能。体育教学内容的选择无疑是要吸收我国历史悠久的传统体育内容，使这些宝贵的文化遗产得以继承，这就是体育教学内容的继承性特点。但时代在前进，任何事物总是要不断地发展才能适应时代的要求，否则就必将被历史所淘汰。文化的继承是有选择的，对于传统体育内容，我们在有选择继承的基础上进一步丰富其内涵，在保留其原有特点和精华的前提下剔除那些落后的、不健康的东西，使其更具有时代气息，这就是体育的发展性特点。对于武术的继承和发展，就是体育教学内容继承性与发展性相结合原则的典型范例。

（五）统一性和灵活性相统一的原则

体育教学内容要面向全体学生，它必须有基本的要求，有一个相对统一的标准，使体育教学有一个较为规范的目标。但它绝不应该是完全、整齐、划一的。首先，我国地域辽阔，各个地区的条件不一致、发展不平衡，教学的相关基础不在同一起点。其次，学生的身心发展水平有差异，体育基础、接受能力也不相同，即使是处于同一个教学阶段的学生，都会表现出明显的不同特点，因此教学内容必须根据教学条件和学生特点，兼顾统一性和灵活性，才能有利于促进学生身心全面发展。

三、体育教学内容的发展与改革

（一）体育教学内容演变与改革的课题

我们从100年以来的几个历史阶段来看体育教学内容的变迁，可以看出体育教学内容有以下的变化趋势：①随着现代竞技体育运动的兴起和普及，正规的竞技体育运动正逐渐代替乡土性的体育教学内容；②体育教学内容的数量在减少，但难度有所增加，越来越需要有过经过专门训练的体育教师来传授；③体育教学内容中的娱乐因素逐渐减少，而"练"和"炼"的因素有所增加；④体育教学内容所需要的运动器材越来越正规化。

由于上述这些变化，使得体育教学内容出现了单调、难度大、锻炼性强、要求教学规范化和场地器材条件高的趋势，由此形成体育教学内容改革与发展的课题是：①要改变体育教学内容趋于生硬化的锻炼和达标相统一的趋势；②要解决体育教学内容与学生社会体育活动之间的差距问题；③要解决学生因体育教学内容缺乏娱乐因素而越来越不喜欢体育课的问题；④要解决与体育教学内容难度有关联的"教不会""教不懂"的问题；⑤要解决乡土教学内容的开发不足和体育教学内容民族化的问题。

这种现状要求体育教学内容的改革和新的开发，也要求恢复一些失去和正在失去的传统教学内容。

（二）学生呼唤体育教学内容改革

现在，许多学生对体育教学内容有所不满，他们与体育教学内容接触最多、最深，最能反映体育教学内容的实际情况和个人问题。

学生对体育教学内容的意见，概括起来有以下几点：①总体上感觉体育教学内容枯燥、没有趣味；②令生理感受很痛苦的某些教学内容，特别是对长跑类的教学内容有强烈的惧怕和反感；③对一些还不能理解教学内容意义，教学形式上又比较枯燥的内容比较反感，典型的有队列练习和一些简单的动作练习，如前滚翻和起跑练习等；④学生对体育教学内容被达标项目所替代的现象很反感，反应也很强烈；⑤通过教学内容的单调和平庸学生形成对体育教师的不良印象；⑥学生对一些运动希望有一个较长时间的学习过程，如对球类运动很感兴趣，希望能学得多一些、细一些，相反对锻炼性运动有些看法。

学生对体育教学内容的这些反映，也从学习主体者和参加者的角度印证了体育教学内容改革的课题。

（三）体育教学内容改革的路径

从上面的分析可以看出：现在体育教学内容的改革已是体育教学改革的一个最重要的方面，也是当务之急，是当前体育教学改革的关键点和突破口，那么这个教学改革应如何进行，应该朝着哪个方向进行呢？我们可以从过去教学内容的缺陷和新的体育教学理念上来把握这个问题。

过去的体育教学内容存在以下六个方面的缺陷和不足：

第一，教学内容的设计未充分体现以学生为主体。体育教学内容应从学生的发展和需要来考虑，应把学生的发展和需要作为构建体育教学内容的出发点和归宿。

第二，过去确定体育教学内容时，只考虑到体育教学内容体系的完整性，对开放性和现代性重视不够。过去的一些教学思想限制了教学内容的弹性和开放性，很难吸纳更多的、学生喜欢的内容进行教学，各种健身和娱乐的内容不断涌现，而由于受到以上所列举的各种条条框框的限制，难以选进教学内容。

（3）确定教学内容的时候，没有处理好统一性和灵活性的问题。体育教学内容规定得过死，选择性幅度不够。体育教学内容不是从学生自身发展需要出发，选修教学内容所占比重偏少。

（4）体育教学内容偏多，在规定的授课时数内很难教完。

（5）体育教学内容规定得过死。由于体育教学大纲规定得过细，编出的教学内容基本雷同，教师只能"照章办事"，不容易发挥创造性。

（6）体育教学内容没有很好地体现体育教学目标。具体的体育教学内容比较单一，有关心理健康、体育文化、娱乐体育的内容很少。

有学者认为，今后的体育教学内容可以以下几个方面改进：①以学生为本，体育教学内容应更多地从学生如何学的角度出发；②教学内容的弹性要更大；③要明显淡化竞技技术体系；④教学内容要更加概括，给教师和学生留出广阔的空间；⑤应删去大部分体育教学中不常使用的队形和队形变化的内容；⑥增加女生喜爱的韵律体操和舞蹈内容。

关于今后体育教学内容朝什么方向进行改革，教育部有关领导有以下的论述：

体育教学内容的改革与发展可用四个字进行简单概括："放开""开放"。在过去的体育教学中，体育锻炼的手段和方法限制得比较死，我们选择了一些锻炼手段，让所有的学生都围绕规定的手段进行锻炼，人围绕着手段去转，这种做法体现了规定性，而忽视了"因地制宜、因人而异"的原则。现在的内容设置更多地考虑以学生为主体，进行了弹性的设计，让手段为人服务，锻炼手段围绕人，学校、学生都有较大的选择余地，因此说是"放开"了。当然，由于场地设施、师资等条件的限制，目前还不可能做到适应每一个学生的需要。所谓"开放"指的是，原来的教学内容体系基本上是封闭式的，现在新大纲打开了一扇门，允许地方和学校根据学校体育改革的进展情况，自行确立并置换原有的教学内容。这样，新的体育锻炼的手段和方法就会不断涌现。"放开"是可供选择，给一个"菜单"进行选择，但菜单再大，也有一个基本范围。所以要预留一个缺口，称之为"开放"。

关于预测未来的体育教学内容改革：体育教学内容会更加多样，学生和教师选择体育教学内容的权限更宽，教学内容总体丰富多彩，而落实在每个同学身上又相对集中，新的体育教学内容随时进入教学内容，旧的教学内容经常得到更替，体育教学内容的娱乐性和文化性等将同它的健身性一样得到重视，体育教学内容改革和《国家学生体质健康标准》的共同进步使体育教学内容摆脱"达标课"的困扰，体育教学内容将真正成为学生喜欢的、对学生未来的娱乐生活和身体锻炼真正有用的东西。

四、体育课程与教材的选用

课程问题是学校教育的核心问题。这是因为课程集中体现了教育的要求、具体反映了教学内容，同时又决定了教学方法和教学组织形式的选择，而且还是教育质量评估、教学水平评价的重要依据之一。

一般而言，影响课程发展的外部因素有知识、社会和学生的需要与条件；影响课程发展的内部因素有课程论的观点和课程的历史传统。可以说，影响体育课程的因素是综合性的、系统性的。仅从一个角度去评价体育课程，选择体育教材显然是不可取的。素质教育、健康教育开阔了我们的视野。我们对以上问题有了更广泛和更明确的认识。我们还应该看到，教材有一个合理的排列组合问题，即纵向组织原则和横向组织原则。任何一部教材都应该是课程中的一部分，也应该在这个系统中是合理的。

教材的选择具有多样性。这种多样性不仅来自学生心理需要的多样性，也来自身体练习的多样性，那种"唯一"或"最好"是不存在的。决定教材的优劣其重要根据就是学校体育的目的。

1. 体育与健康教材应突出健身性

健身性是体育的本质属性。提高健康水平是体育教学最重要的目标之一。体育教材的选择要突出健身性，表现在以下几个方面：

（1）要考虑教材的健身价值

不同的教材，练习的效果往往是不一样的，同样的教材对不同的对象在效果上也会有差异。例如，3 000米跑对于发展心血管系统机能和一般耐力具有较好的价值，但是在实际运用中，它对高中生锻炼效果较好，但对小学生却不一定好。而原地疾跑能有效地发展小学生的步频，但对高中生发展步频就收效甚微了，这与他们的生理适应性、身体素质发展的敏感期有关。因此，教材的选用要根据特定对象的年龄和身心发展特点来进行。

（2）要考虑教材对心理的影响

考虑教材对心理的影响是体育教学的重要目标之一，选用的教材要有利于培养学生顽强的意志、健康的个性和积极向上的心理品质，使学生身心素质都得到良好的发展。

（3）要考虑教材的优化功能

一般情况下，只要合理运用，体育教材都有健身的作用。但不同的教材影响程度是不一样的，同样的教材、不同的搭配所产生的效果也是不同的。因此，运用时要争取优选出最具健身效果的教材。这里有两层含义：第一，要注意教材本身的健康价值；第二，要注意教材搭配所产生的最佳效果。

2. 体育与健康教材要注意文化性

体育是人类所特有的一种社会活动，它具有继承性、民族性、时代性、世界性等文化特征。体育不但具有外在的运动行为方式，而且具有内在的价值观念、意识形态和行为规范等，无疑是文化的重要组成部分。注意教材的文化性也就是要考虑体育教材的文化特征，即要注意对优秀传统教材的继承，使之能得到发展；要注意对民族教材的选择，使之能够发扬光大；要注意对世界优秀教材的吸收，使教材体系更具有时代气息、更加完整；要注意对教材文化内涵的挖掘，加强对学生情感、意志等非智力因素的培养，使学生能形成正确的体育价值观念、良好的体育道德和符合时代要求的体育行为规范，实现身心的健康发展。

3. 体育与健康教材要增强娱乐性

体育教学的主要目标是树立终身体育意识和形成终身体育能力。而终身体育意识的树立和终身体育能力的形成与体育教材的娱乐性高度相关。第一，体育教材的娱乐性是引起学生体育兴趣的重要因素，而产生兴趣、积极参与是学生形成终身体育意识和形成终身体育能力的前提。第二，体育教材的娱乐性有利于学生体验到体育运动的乐趣，领略到体育魅力，从而提高他们参加体育活动的自觉性和积极性。第三，通过参加具有娱乐性的体育活动，能使学生精神愉悦，有利于缓解学生的紧张情绪，更好地提高学习效果，有助于学生形成良好的体育态度和养成体育锻炼习惯。

4. 体育与健康教材要具有典型性

体育教学的内容非常丰富，其相关教材不但类别多，同类教材的项目也多，目前我们教学的内容仅为其中的一小部分，供选择的余地很大。因此，我们选择的体育教材应具有典型性。典型性表现在以下三个方面：

首先，以速度教材为例，短跑、长跑的专门练习，各种连续跳跃练习都能发展速度，都可以作为发展速度的教材，那么用哪种教材最具有代表性呢？我们这里所发展的速度主要指位移速度，因而从动作结构来看，采用短跑练习最为合适，故在体育教学中发展速度应以短跑为首选。

其次，仍以速度教材为例，短跑是发展速度的典型教材，而发展速度用得最多的是30米跑、50米跑和100米跑等，选哪种教材最合适，应该看它的锻炼效果，但它的效果与教学对象有着密切的联系，同样的教材对于不同的锻炼对象效果是不一样的：低年级小学生的神经系统灵活性高，力量相对较小，他们的速度的发展主要侧重于步频的提高，因而选用30米跑对于他们发展速度有典型意义；进入中学高年级以后，速度的发展已开始依赖于技术的改革和步幅、步频两个因素的提高，故能较为完整地表现出短跑技术，有利于提高腿部力量的50米跑是更具典型意义的速度教材。

大学生的身体发育已基本成熟，身体各项机能水平较高，此时采用100米跑来加强他们的速度训练是比较适当的。

最后，选用的教材在同类教材中的技术结构或身心发展上具有代表意义，这种教材的学习能为其他同类教材的学习奠定技能素质基础，产生积极的转移作用。

第三节　现代高校体育教学方法的选择

一、体育教学方法的概念

关于体育教学方法，国内外学者很早就开始进行研究，在研究过程中，诸多专家和学者对体育教学方法的概念界定有以下共识：

第一，体育教学方法是体育教学系统的重要组成部分。

第二，体育教学方法与体育教学系统其他要素之间具有非常密切的关系。体育教学方法服务于体育教学目标和体育教学任务，能够促进体育教学目标和任务的实现。同时，体育教学方法又受体育教学内容的制约。

第三，体育教学方法是"教"与"学"的统一，可有效促进师生的双边互动。

第四，体育教学方法受到特定的教学理论的指导。

第五，与其他科目教学方法相比，体育教学方法在注重教学语言要素的同时，更加注重动作要素。

综合我国学者对体育教学方法的研究，一般认为，体育教学方法，具体指为实现体育教学目的而采用的手段、方式、措施和途径等的总和。

二、体育教学方法的类别

从体育教学活动双边关系和参与主体来看，体育教学方法可以从"教"和"学"的角度进行教法和学练法的划分，具体分析如下。

（一）教法

教法是体育教学过程中的教师层面的教学方法，可以具体理解为教师的授课方法。

1. 知识技能教法

教法类教学方法包括基本知识的教法和运动技能的教法。

（1）基本知识的教法

基本知识主要是指体育运动项目的基本理论知识，基本知识教法就是针对这些理论知识展开教学所使用到的教学方法，主要涉及基础学练理论教学。

一般来说，体育基础知识的学习主要是抽象知识的学习，具有一定的难度，不像体育运动技术那样可以直观地、生动形象地展现，这就需要教师在体育教学过程中根据学生的知识基础、思维能力选择相应的教学方法。教学方法应尽量具有操作性，并注意与体育运动实践的结合。

（2）运动技能的教法

运动技能的教法不难理解，是通过相应的教学方法向学生呈现技术动作，帮助学生很好地理解运动技能的概念、构成、完成过程，这对于学生提高体育运动技能具有重要的作用，教学方法应便于运动技能规律与特点的揭示，便于具体的技术动作的形象化、生动化展示。

运动技能教法应用特点如下：

第一，教师通过教学方法的科学选择与实施，促进学生对具体的运动技能的理解。

第二，充分考虑与教学体系中的其他要素，如教学内容的关系，结合教学内容分析，运用相应方法帮助教师完成教学任务。

第三，结合实际教学情况，充分发挥教学方法灵活多变的特点，随机应变，在体育教学活动中灵活处理各种教学要素。

2. 思想教育法

思想教育法是为展现体育思想教学内容的教学方法，开展相应的思想教育时，教学方法的选择应注意体育思想、体育道德内容展示，促进学生的体育价值观念、体育精神、体育道德、体育意志品质等的发展与提高。

（二）学法与练法

1. 学法

学法，主体为学生，在体育教学中，学生的学法就是了解和掌握体育相关知识的方法，通过具体学法的选择与应用，促进学生对体育知识、技能的掌握。

体育运动教学实践中，学法应用要求如下：

第一，确保学生能掌握教学目标所要求的基本知识与技能，并结合个人情况有所发展。

第二，确保学生重视体育知识、经验，自身体能与新知识、技能的有机结合，使体育技能学练符合自身身心发展规律、特点。

2. 练法

练法是指导学生进行体育锻炼的方法，是实现体育教学目的的重要方法和途径，是体育教学中最具本质特征的方法。

体育教学是一项身体实践性非常强的学科教学，各种体育知识、技能都需要学生通过体育活动实践才能理解、掌握，并在之后的体育活动参与过程中表现出来，这就需要学生在体育学习过程中结合具体的学习任务、目标、自身实际情况，科学、循序渐进地参与体育运动训练，不断提高自己的体质、体能、运动心理水平，并进一步促进自我体育运动专项体能、技能和心理能力的发展。

三、体育教学方法的特征

（一）实践操作性

与其他学科不同，体育学科的学习在更多时候需要学生进行各种各样的身体练习，因此在体育教学过程中，教师在选择教学方法时应充分考虑到学生的身体活动开展的可操作性，同时应考虑客观的体育教学条件能否为教学方法的选用提供必要的物质支持。

体育教学方法的实践操作性受体育身体活动的基本性质影响，同时，也受到学生的体育活动参与形式的影响，教师选择与实践教学方法，应结合具体教学实际对教学方法进行必要的修正，如果教学方法中的某一个环节和形式安排可能在接下来的教学活动开展中受阻，则教师应该灵活变通，不能让教学方法停留在理论层面，应落到教学实践中，符合教学实际。

（二）多感官调动性

体育活动的开展过程是师生的身体活动参与过程，教师与学生在进行各种体育技术动作示范、练习时，都需要充分调动身体各部分的组织和系统的功能，即整个有机体中的各个器官和组织、系统都会被充分调动起来。例如，教师通过动作示范教授学生某一项具体的体育运动项目的技术动作，学生要利用眼睛去看动作、利用耳朵去听讲解、利用肢体去感受动作，因此说，体育学练的过程，也是学生集体多感官共同参与的过程。

在体育教学中，为了获得良好的体育教学效果，体育教师在选择和运用教学方法时应注意教学方法是否能充分调动起学生的多种感官的积极参与，优化教学效果。

体育教学方法对学生的多感官调动主要表现如下：

第一，在体育运动参与和学习中，需要学生运用眼睛、耳朵等感觉器官对运动的方向、用力的大小和动作的幅度等方面进行感知，形成正确的动作定式。

第二，在形成正确的体育动作的基础上，将所接收到的教学信息进行整理、分析，通过大脑思维活动，指挥身体的各器官完成相应的动作；通过不断重复技术动作，最终达到动作技术的正确和精细。

（三）时空效果性

根据学生的学习认知规律和动作技能形成规律来看，体育教学方法的各教学实施阶段都表现出体育活动的时空性特点，以及教学的时空性特点。

体育教学开始阶段，教师作为教学主导者，指导学生进行相应的学习活动，进行相应的分析、示范和指导。

体育教学期间，教学活动的主体发生了相应的变化，学生的主体作用也在不断增强，学生通过认知、分析和练习，掌握相应的知识和技能。

体育教学结束阶段，教师进行相应的总结和分析，对学生的学习过程、学习效果进行客观、全面的评价与分析，并预告下次教学内容，实现本次课与下次课的有效衔接。

（四）动静结合性

体育运动教学与训练应保持动静结合，这主要是受运动者个体运动负荷承受范围的影响，是体育教学的基本规律和特点。

体育教学方法的"动"即指技能学练，体育运动技能的学习与掌握必须通过实实在在的身体练习来进行，体育教学过程中的各种体育教学方法都是为了促进学生更积极、更好地去参与各种身体活动，通过体育活动实践来掌握体育技能。

体育教学方法的"静"即指合理休息。学生在体育学习过程中，生理方面和心理方面都会持续不断地受到刺激，并承受一定的负荷，长时间会导致疲劳，影响学习效果与质量，这时需要安排学生进行合理休息，包括积极性的休息和消极性。安排休息时，应注重积极性休息和消极性休息的结合。

（五）师生互动性

体育教学活动的开展，需要教师和学生共同参与，教师在教学方法的选择上不应该只是组织活动让学生参与，而应适时地融入学生的学练、发现、探索活动中去，及时给予学生正确的教学指导。教学方法的应用应有助于提升教师、学生参与体育教学活动的积极性，并促进师生互动。

（六）继承发展性

新时期，教育工作者继续发展创新，教学方法及其应用也在不断丰富与创新使用，教师和学生的师生关系、课堂体验，以及体育教学效果都在不断优化。

四、传统体育教学方法及应用

（一）传统体育教法及应用

1. 语言教学法

语言教学法，就是教师通过语言表达，来阐述体育教学知识、文化、规律、特点、技术构成、教学活动安排与过程实施的方法，学生通过教师的语言来了解教学过程、参与到学习过程中去，掌握必要的教学知识点。

现将常用的语言教学法举例如下：

（1）讲解教学法

讲解教学法，教师通过语言讲解来开展教学。讲解法通常用于体育理论教学，讲解过程中，教师应充分考虑学生的理解能力与认知能力的特点与水平。

讲解法的使用要点如下：

①讲解要明确，突出教学内容重点、难点、特点。在体育教学中，教师对于教学内容的讲解必须要有明确的目的，不能漫无目的地讲解，这样会使学生抓不住重点，不能理解教师的用意，导致学习效率低下。

②讲解要正确。教师要注重讲解内容（历史文化、动作术语、技能方法等）的准确描述。

③讲解要生动、简明、有重点。讲解应便于学生更好地理解教学内容，如生动形象化的讲解可加深学生的认知，教师应重视对技术动作的形象化描绘，可以适当加入肢体语言帮助学生理解。再如，关于概念、技能难点的讲解应有重点，把握关键技术讲解，更便于学生掌握动作要领。

④讲解要通俗易懂、深入浅出。教师要善于运用对比、类比、提问等方式进行启发性教学，这有利于学生积极思考，使学生举一反三，触类旁通，学以致用。

（2）口头评价法

口头评价法是体育教学中非常重要的教学方法，可以在课堂上及时、快速地给予学生最直接的评价、提醒，也可以在教学结束之后，对学生的课堂表现进行口头点评。

根据评价性质，口头评价有如下两种：

①积极评价。教师对学生的评价是鼓励性的、表扬性的、肯定性的。

②消极评价。教师对学生的评价是负面的，以批评为主，这显然会让学生感觉到不舒服和沮丧，对此教师应掌握必要的语言沟通技巧，注意措辞，要就事论事，不能过分打击学生，更不能进行人身攻击。

（3）口令、指示法

口令、指示具有高度概括性的特点，在体育教学过程中，教师可借助简短的字词给予学生必要的提示。

口令和指示法的应用要求如下：

第一，教师应发音清晰、声音洪亮。

第二，教师对学生的口令、指示应尽量使用正面引导、积极性的词语，并注意提示的时机。

第三，合理把握口令和指示的节奏。在体育教学实践中，教师采用口令、指示法时，应尽量做到语言精练，言简意赅。

2. 直观教学法

直观教学法，是利用学生的感官冲击来加深学生对体育教学内容的印象，使学生更直观直接、生动、形象地了解教学内容。

体育教学中的常见直观教学法有如下几种：

（1）动作示范法

在体育教学中，教师通过对教学内容的动作示范，使学生对所要学习的项目技术动作有一个生动形象的了解，熟悉动作结构和要领。

动作示范教学法的运用应注意以下几点：

①明确示范目的。教师在进行动作示范之前，要知道示范的目的是什么，要展示什么。

②示范动作正确、流畅。教师进行教学动作示范，是为了给学生提供必要的技术动作模仿对象，教师的示范动作必须要正确，避免错误引导学生。

③示范位置合理。在体育教学中，教师应使所有学生都能够清楚地观察到示范动作，为了让每一个学生都能全面、准确地观察，教师可多角度示范。

④将示范与讲解相结合。通过示范、讲解，充分发挥学生的视觉、听觉、触

觉等各种感官的作用，使学生的听觉和视觉器官同时利用起来，以更好地加深学生对正确技术动作方法的理解与掌握。

（2）教具与模型演示

采用图表、照片和模型等直观教具辅助教学，能够使学生更加容易理解相应的技术结构和动作形象。在体育教学中利用教具与模型演示教学，应注意以下几点：

第一，提前准备教具、模型。

第二，教具、模型要全方位展示，如果介绍具体器材的使用方法可以让学生近距离体验。

第三，注意教具与模型的使用保护。

（3）案例教学法

案例教学法，就是在体育教学中举例子，使学生对体育教学内容的理解更加简单、直观、形象。

案例教学法的应用要求如下：

第一，举例恰当，避免举无效案例。

第二，对战术配合和组织案例分析要尽可能详细，并注意多角度（如攻、守）分析。

（4）多媒体教学法

多媒体教学方法是现代体育教学中被较多使用的方法，与传统的课堂板书教学不同，多媒体教学能令教学内容的展示更加生动形象，而且教师利用多媒体教学技术能更加准确地向学生讲解动作的细节，通过动画和视频演示，可以将每一个动作精确到秒。另外，将教学内容制作成电影、幻灯片、录像等，通过重放、慢放、定格等操作方法配合教师讲解，可以使学生更深入、系统地学习知识，掌握技能。

多媒体教学法的使用需要多媒体教学技术支持，也需要教师具备一定的多媒体技术操作能力。

3. 完整教学法

完整教学法是体育教学中广泛应用的一种教学方法，该教学方法重在完整地、不间断地演示整个技术动作过程，通常在体育教学实践课中运用。

完整教学法的体育教学应用应注意以下几点：

（1）讲解要领后直接应用

教师对体育运动技术动作进行分解讲解后，示范整个技术动作，使学生能流畅地模仿完整的技术动作。

（2）强调动作练习重点

在体育实践教学中，对于较为复杂的动作，教师应明确讲解、示范重点，使学生正确把握技术动作难点。

（3）降低动作练习难度

降低动作难度以便于学生完整练习，待其建立正确动作定式后逐渐增加难度，而后待学生熟练后再按标准动作进行完整动作学练。

4. 分解教学法

分解教学法是与完整教学法相对应的一种教学方法，适用于复杂和高难体育项目的技术动作教学，能将复杂的动作简单化，降低技术难度。

分解教学法具体是指在体育教学实践中，教师分解完整的技术动作，通过各个阶段、环节的逐个教学，最终使学生掌握整个技术，分解教学应注意以下几个方面：

第一，对技术动作的分解要科学，不能打破各环节之间的有效衔接。

第二，分解后的技术动作要依次教学，熟悉后注意组织学生对学习环节前后的衔接结合练习。

第三，技术动作分解与完整综合运用效果更佳。

5. 预防教学法

体育教学的开放性使得体育学习同样是一个开放的过程，可受到各种因素的影响与干扰。就学生的个体差异性来说，不同学生的认知能力、理解能力、肢体协调能力等不同，因此有的学生不可能做到一下子就能准确掌握知识要点、动作要领，学习过程中难免会犯各种各样的错误，教师针对学生的学习错误，应及时预防和纠正。

预防教学法是对学生的错误认知、错误动作提前采取阻断措施的教学方法。

预防教学法的应用要求如下：

第一，教师应在讲解过程中不断强化正确认知，避免学生形成错误认知。

第二，教师在备课时可结合自己的教学经验对学生可能会犯的错误做好预防预案。

第三，可结合口头评价、提示、指示帮助学生及时预防错误。

6. 纠错教学法

纠错教学方法是学生在体育教学中出现认知、动作错误后，教师及时予以纠正错误的教学法。

在体育教学过程中，教师应正确对待学生由于对各种动作技术理解不清或对动作掌握不标准而发生的错误，注意进行有意识的引导和纠正。

纠错教学法的应用要求如下：

第一，纠错时，教师应注意正确技术动作的讲解，使学生明确产生错误的原因，及时改正。

第二，结合外力帮助学生明确正确技术动作的本体感觉。预防和纠错相辅相成，和预防相比，纠错的针对性更强，要求教师认真分析学生错误的原因，并有针对性地结合错误的根源采取相应的纠正措施，并给出改正方向与方法。

7. 游戏教学法

游戏教学法，指教师利用组织游戏的方法使学生完成预定教学任务的教学方法。这种教学法的应用比较广泛，在体育教学的初期和其他各时期都经常被使用到，在调动学生的体育学习积极性与主动性方面具有良好的作用。

游戏教学法的应用应注意以下几点：

第一，所开展的各项游戏应与具体的体育教学内容相适应，应与教学内容相关。

第二，游戏内容应选择学生感兴趣的内容、方式。

第三，游戏开始前，注意游戏规则、目的的讲解。

第四，游戏过程中，强调学生的积极努力、同伴协同配合。

第五，游戏过程中，教师应监督学生在游戏中的行为，避免学生破坏规则，如有发生应实施"惩罚"。

第六，游戏结束后，教师应做客观、全面评价。

第七，注意教学安全。

8. 竞赛教学法

竞赛教学法，是通过教学竞赛的组织来开展体育教学的方法，竞赛教学法重视学生的体育运动技能的实践检验，也重视学生在运动中的角色体验以及学会如何处理与队友的关系，并可以促进学生的运动心理的调适与完善。竞赛教学法是体育教学不同于其他学科教学的一种重要教学方法，对于学生的身体运动素质、竞技能力、心理素质、社会性关系处理等都具有重要发展促进价值。

竞赛教学法的教学应用要求如下：

（1）明确竞赛目的

通过运动竞赛切实提高学生的运动技能水平。

（2）合理分组

各对抗队的实力应相当。

（3）客观评价

对竞赛过程中学生完成动作的质量予以客观的评价，并指出改进的方向和方法。

在体育教学实践中，教师不应只专注于使用一种教学方法，也不能毫不顾忌教学实际，多个教学方法交叉和叠加使用。上述各种体育教学方法的应用应结合具体的教学实际情况和学生情况科学地选择，进而促进良好的体育教学质量和教学效果的不断提高。

（二）传统体育学法及应用

1. 自主学习法

所谓自主学习法，即学生积极主动、独立自主地进行体育学习的方法，学生在学习过程中，发现、分析、探索、实践。当然，整个学习过程需要教师的必要的指导。

在高校体育教学中，教师指导学生进行自主学习，应做好以下几方面的工作：

第一，教师应针对学生的水平、特点，为学生安排难度适当的体育教学内容。

第二，教师可帮助学生制订学习目标，指出学生通过自我探索应该达到什么水平，解决哪些问题，学生应根据自身的知识储备和能力水平，明确学习目标。

第三，学生应根据自身情况，对照学习目标，进行积极的自我调控，并及时改进学习方法和学习策略。

第四，教师必须认识到，在组织学生进行自主学习时，教师仍要间接参与学生的整个学习过程，自主学习并非意味着教师放任不管，教学中，教师应时刻关注学生的学习进度，如果学生的学习偏离预期，应及时引导。

2.合作学习法

合作学习法，是在教师的指导下，学生进行合作互助，通过责任分工承担不同学习任务，并最终解决问题，达到教师所设定的学习目标，完成教师布置的学习任务。

合作学习能够提高学生的学习能力、合作能力。教学中，具体的学习操作方法如下：

第一，教师根据教学内容确定相应的教学目标。

第二，教师引导学生结成学习小组。

第三，全体学生在教师的指导下，根据教学内容确定相应的教学目标。

第四，确定各小组研究的课题，引导学生自己进行小组内的具体分工。

第五，小组成员合作完成小组学习任务与目标。

第六，不同小组进行学习和交流，分享研究成果，发现问题，取长补短。

第七，教师关注、监督学生学习，推动各小组活动顺利开展。

第八，教师评价，帮助学生总结。

五、现代体育教学方法的选择与应用

（一）现代体育教学方法的选择

1.现代体育教学方法的选择依据

（1）体育教学目标

体育教学目标的主要特征之一是多层次性，身体发展目标、技能发展目标、知识发展目标、社会发展目标和情感发展目标等是体育教学目标的不同层次。为了实现不同的教学目标，应采用不同的教学方法。在体育教学中教学目标并不是孤立的，它是多种目标的综合，而每一单元、每一堂课目标的侧重点是不同的。因此，在教学过程中应根据具体的课堂教学目标选择重点发展某一方面的教学方法。课时教学目标是体育教学总目标的具体化，这一目标具有很强的指导性。它既有相应的运动技能和运动理论方面的知识，也有心理和品质品格方面的内容，针对这些不同的教学目标，应选择与之相匹配的教学方法。

（2）体育教学内容

体育教学的内容与教学方法之间具有密切的关系，如对一些技术动作教学内容应采用主观的示范操作的方法，而对一些原理和知识结构方面的内容则应注重运用语言法进行讲解。不同性质的体育教学内容应采取相应的教学方法。每一种教学方法为实现一定的目标而运用在某一教材内容时，其效果也会表现出一定的差异性。因此，在体育教学过程中应注重教学方法的灵活选择。

（3）体育教学环境

教学环境对教学方法的选择产生重要的影响。教学环境包括场地器材、班级人数、课时数等，同时，外界的社会文化环境也对教学环境产生重要的影响，因此教学环境必然会对教学方法产生制约作用。例如，一些直观教学方法需要借助一定的教学器材才能实现相应的教学目标，而学校体育教学资源的具体情况在一定程度上对教师采取的教学方法具有决定性作用。

教师在体育教学过程中应充分利用现有的教学环境，选择合理的教学方法，最大限度地利用现有的场地、器材条件。

（4）学生的实际情况

在教学过程中，教学方法的实施对象是学生，采用多种教学方法的最终目的是促进学生更好地学习。因此，在选择相应的体育教学方法时，应与学生特点及其实际情况相符合。学生的实际情况表现为多方面的内容，包括学生的年龄特点、性别特征、身心发育状况以及相应的知识储备和学习能力等。

学生处于不同的年龄阶段，其身心发展过程也具有阶段性的特点。对于大学生而言，低年级学生和高年级学生的身心发展特点会表现出鲜明的差异性。另外，男女性别上的差异性也会导致其对于体育的态度有所不同，因此应采取合适的方法，充分调动学生体育学习的积极性。学生的经验和知识储备以及其相应的学习能力也是教师选择不同的教学方法的重要依据。对于知识储备量较为丰富，已经掌握了基础的知识技能，并且学习能力较强的学生，其在学习新的体育技能时能够更快、更好地掌握。此时，教师可采用合理的教学方法促进学生的技能向着更高的水平发展。

（5）教师的自身素质

体育教师是各种教学方法的实施者，其自身的素质对于教学活动的效果产生重要的影响。在体育教学中，如果教师能力和素质有限，将不能发挥相应的教学方法的作用，从而对教学活动产生消极的影响。因此，教师在选择相应的教学活动时，应对自身的专业素养、能力水平及教法特点有着客观的理解。

通常情况下，体育教师所熟练掌握的教学方法越多，则其越能够根据自身及学生的实际情况选择出最佳的教学方法。不同的教师根据学生实际状况采取同样的教学方法，也会得到不同的教学效果，可见教师自身条件极大地影响着体育教学活动。所以，教师要有认识自身素质与教学风格的意识，并通过积极的学习增强自身的素质，尝试和掌握更多的教学方法。

2. 现代体育教学方法的选择标准

（1）一般性要求

相关研究表明，在对体育教学方法进行选择与配合时，应当考虑并达到几个方面的一般性要求：第一，体育教学方法必须符合教学规律；第二，体育教学方法必须符合体育教学的教学目标；第三，体育教学方法必须符合体育教学内容的具体特征；第四，体育教学方法必须符合学生学习条件；第五，体育教学方法必须符合教师实际条件；第六，体育教学方法必须符合学校的教学条件，并且具备较为显著的功能与效果。

（2）具体要求

①体育教师要全面了解各项体育教学方法，倘若体育教师对各项教学方法没有做到深层次掌握，那么选择就无从谈起。教师在了解体育教学方法时，不仅要了解动作技能形成的方法，还需了解传授体育知识的方法，另外，也需要了解发展学生个性、开展思想品德教育及锻炼身体的方法等。教师只有全面了解与掌握多种体育教学方法，才能依照体育教学的实际要求，选择富有针对性和实效性的体育教学方法。

②教师要遵循多中选优原则，原因在于各项体育教学方法均有其自身的优势与劣势，均有其自身的独特性能，但是尚未有任何一项体育教学方法能够达到万能的要求。因此，教师在对体育教学方法进行选择时，必须达到全面了解与掌握体育教学方法的要求，随后才能结合体育教学的实际状况，在众多体育教学方法中选择出最能发挥其独特性能的教学方法。为了真正达到从中选优的要求，所有体育教师均需建立一个具有个性化特征的教学方法"仓库"，以体育教学方法的

具体性能为主要依据,将其编成系列(如将其编成卡片),将性能相同或者相近的体育教学方法编成一类,当教师需要选取适宜教学方法时即可从中选取。

③教师要采用比较的方式,从中选优。不同的体育教学方法能够实现相同的目标,至于使用哪一种教学方法的效果更佳,则需要教师对具体教学方法进行多方面比较,从而实现从中择优的目的。教师可以通过每一类体育教学方法对学生在理论知识的掌握情况、运动技能、身体素质水平、自身个性的发展情况、思想品德和行为习惯的培养情况等方面产生的影响进行认真分析与比较,充分考虑特定体育教学方法的适用范围和适用条件,明确具体教学方法解决哪些教学任务最为适宜,结合哪些教学内容最为适当,与哪些类型的学生最为符合,对教师和教学环境的具体要求等多项内容展开综合比较,逐级筛选,最终做出最为恰当的选择。倘若体育教师能够达到这些要求,则能够为高效运用体育教学方法奠定坚实的基础。

(二)现代体育教学方法选择的注意事项

1. 注意师生之间的合作协调

在体育教学过程中,教师和学生的默契配合是取得良好教学效果的重要保证。教学活动不存在没有"教"的"学",也不存在没有"学"的"教"。因此,不管是何种教学方法,都应考虑到"如何教"和"如何学"两个方面的问题。

在传统体育教学过程中,片面强调以教师为中心,教学方法也只是注重教师"如何教"的问题,而对于学生在教学过程中的作用则选择性地忽略了。例如,教师在进行动作示范时,只考虑动作的优美和协调性,而没有考虑学生的感受,使得学生的学习效果不佳,影响教学活动的开展。因此,体育教学方法的应用应考虑师生双方的合理配合,避免两者的脱节,这样才能取得良好的教学效果。

2. 注意学生内部与外部活动的协调

学生的学习过程是内部活动和外部活动的综合体现,内部活动是学生的心理活动以及相应的生理生化反应等方面,外部活动则是其动作质量、情绪、注意力等方面。首先,在选择相应的体育教学方法时,应注重两者之间的配合,教师应善于分析学生的内外活动变化,有机结合指导学生外部活动与激发学生内部活动的教学方法,以促进学生主动积极地参与到体育学习中;其次,在选择体育教学的方法时,还应对多种教学方法进行对比分析,从而确定最佳的教学方法。在教学过程中，应明确不同的教学方法适应什么样的教学内容，能够解决什么样的教学问题，能够对什么样的教学对象起到更好的作用等。

3. 注意不同学习阶段的前后协调

学生在学习过程中的不同学习阶段会表现出不同的特点。体育教学方法的应用应考虑到学生在学习知识的不同阶段的前后配合。例如，在动作学习过程中，应注重"模仿型"向"创造型"的过渡，并实现二者的有机结合。

学生的学习过程是由不了解到熟悉的过程。在学习的初始阶段，通常以模仿（模仿教师或他人）学习为主，之后，学生就会形成动作定式而完全摆脱模仿，从"模仿型"过渡到"创造型"。这两个阶段之间既具有一定的联系，又相互区别。因此，在运用教学方法时既要防止两者之间的互相代替，又要防止两者之间的割裂。

（三）现代体育教学方法的应用原则

1. 最优性原则

不同的教学方法其特点、功能和应用范围都会有相应的差异，各教学方法都有其优缺点。因此，在对教学方法进行组合运用时，会形成不同体系的综合教学方法，每一套教学方法都有其鲜明的特点。教师在进行教学方法的优化组合时，应根据实际情况，选择一套最符合实际情况的教学方法。教师在教学方法选择时，应从整体入手，将各种教学方法进行有机结合，充分发挥教学方法体系的整体功能。

2. 统一性原则

统一性原则要求教师在选择相应的教学方法时，应注重"教"与"学"的统一，使得两者之间密切结合，相互促进。如果只强调其中的一方面，则教学活动并不会取得良好的效果。另外，统一性原则还要求，在教学过程中应将教学方法的多种功能充分地发挥出来，促进学生素质的全面发展。

3. 启发性原则

不管是何种形式的教学方法，都应该能够更好地调动学生的积极性和自觉性，促进学生进行积极思考与探索，促进学生全面提高自身素质，在体育教学活动中，注重学生兴趣和动机的培养，发展其自主思维和学习的意识。

4. 创造性和灵活性原则

在选择体育教学方法时，应注重发挥教师和学生的创造性。应对教学方法进行积极的改进和创新，使其更加适用于自身的教学实践活动。只有这样，才能够使得教学方法的功能最大化，从而取得较好的教学效果。教师要对教学方法进行不断地发展和创新，这样才能与教学水平的发展相适应。教学活动是一个动态的过程，教师在课前设计的相应教学方法可能在具体的教学实践中面临多方面的问题，这就需要教师进行灵活应变，根据实际教学情况，对所选的体育教学方法进行灵活的、创造性的运用。

（四）体育教学方法优化组合的过程

首先，进一步明确体育教学任务。选择不同的教学方法要以教学任务和教学目标为主要依据。因此，应将一节课的具体教学任务进行分析和细化，制订出相应的详细任务规划。

其次，联系实际情况将总体设想提出来。通过对教学任务、教学内容、学生的具体情况以及教学的外部情况等进行分析，对相应的教学方法进行评估和分析。在提出教学的总体设想时，应将教学方法的可行性和适用性充分考虑进来。

再次，对多种体育教学方法加以优化组合。制定教学方法和细节表，对于各种教学方法进行分析，并对其不完善的地方进行相应的补充。在此基础上，将优化组合后的教学方法应用于具体的教学实践过程中。

最后，对优化组合的教学方法进行实施与评价。在体育教学过程中，应对教学方法产生的效果进行跟踪了解，可通过学生反馈的形式了解具体情况。而后，对于教学方法的反馈信息进行归纳和分析研究，并对教学方法做出相应的调整。在以后的教学过程中，要不断地总结经验和教训，促进教学方法的不断优化。

（五）现代体育教学方法运用的要点

1. 关注体育教学方法效果的影响因子

在合理应用体育教学方法时，为了取得良好的教学效果，体育教师要加强与学生之间的协调配合。在体育教学实践活动中，教学方法所产生的效果受体育教师的知识储备、人格魅力以及教学技艺等方面的影响。因此，提高教师的素养对于教学方法使用的效果将会产生积极影响。

需要强调的是，体育教学是教师与学生之间的双边互动，学生因素对于教学方法运用的效果也产生重要的影响。其中，学生能动性地发挥情况对于教学方法的运用效果影响巨大。例如，当学生没有太大的兴趣参与到体育课教学中时，就会在课堂上表现出注意力不集中，即使体育教师使用正确、生动、形象的讲解方法或准确、协调、优美的动作示范，依然不会提高学生参与课堂学习的兴趣与积极性。

除教师与学生两项因素外，体育教学方法的运用效果还会受到体育教学物质条件环境的影响。例如，在进行篮球运动教学时，如果是在较为干净的室内塑胶场地上，学生在奔跑和起跳时的心理状态与在水泥地面上时是不同的，当学生在室内塑胶场地上起跳落地时，可以做出相应的保护性动作，能够有效避免受伤。因此，在强调教学主体主观因素的同时，也不可以将物质和环境等客观因素忽略。

2. 关注体育教学方法有关理论的应用

有关体育教学的理论源于实践，但又高于实践，是科学总结体育教学实践的结果。因此，体育教学相关的方法既要注重实践方面的问题，又要注重理论方面的探索。如果体育教学的相关理论具有一定的片面性，则其体育教学的方法也会表现出一定的片面性。

在体育教学过程中，应用体育教学方法方面的理论基础应综合考虑几个方面：其一，辩证唯物主义与唯物辩证法的基本观点；其二，系统论原理，深化理解体育教学系统；其三，教育学、心理学等与体育教学有关的学科理论知识；其四，普通教学论和体育教学论是体育教学方法直接的理论基础；其五，对当代各学科的先进理论成果进行借鉴和吸收，创造性地应用相应的理论和方法。从整体角度进行分析，在体育教学过程中，应用新观念、新理论指导体育教学工作，不断对体育教学的方法进行创新，并充分发挥各种教学方法的效用。

六、高校体育教学方法的创新与发展

（一）高校体育教学方法的发展趋向

1. 多元化

体育教学的复杂性决定了体育教学方法的多元化发展。体育教学发展至今，已经有了许多教学方法，随着体育教学在未来的不断发展，也必然会出现更多的体育教学方法。

体育理论知识体系和运动技能内容丰富，技战术复杂、体育教学系统的多元化都在客观上要求体育教学方法的多样化与多元化，单一的教学方法是无法实现教学目标的，新课程改革的开展与深化也要求必须创新教学思路与方法，体育教学课上不能只用仅有的几种教学方法。体育教学方法的多元化能为体育教师的体育教学提供多种选择，进而促进体育教学更加科学的组织与开展。

随着新课程改革的开展与深化，综合考虑多方面影响因素，争取教学方法的多元化优化创新是现代体育教学发展的必然趋势。

2. 现代化

科学技术的发展为人们的生活提供了便利，在教育领域，新技术的应用对新的教学模式、教学方法的创新也提供了技术支持。教学设备的现代化是体育教学的重要表现之一。随着体育教学的各项技术逐渐发展，其教学方法也必然呈现出现代化的发展趋势。

传统高校体育教学理念与方式已经表现出局限性与落后性，传统课堂板书、单纯体能训练（苦练）的教学方法已经与现代社会与学生的发展需求严重不符，不能充分调动学生学习积极性，因此加快高校体育教学方法创新是高校体育教学改革的必然趋势，而且意义重大。

新时期，随着现代体育教学的发展，现代化的教学设备、技术在体育教学中得到充分应用。通过先进的现代化设备，教师能够对学生的身体素质进行更加深刻的了解，并能够更好地制定运动训练的负荷量。在教学管理方面，能够为学生的学习和生活提供更加便捷的服务。而在体育理论教学中，多媒体、计算机软件等的运用，使得体育教学更加生动形象。

在科技迅速发展的大环境下，科学技术的进步对教学方法的影响是极其深远的。多媒体技术教学、移动通信教学、网络教学等诸多新的具有当今时代特点的体育教学方法的优化创新，充分吸收了现代的先进科技，为学生的体育学习提供了更加快捷、生动、形象和立体化的教学情境，符合当下学生的学习习惯与需要，并经过教学实践证明确实优化了教学效果。

3. 民主化

民主化教学是现代体育教学改革中所提倡的一种新的体育教学思想，民主化的体育教育有两个方面的要求：其一，体育教育面向全体学生，每一个学生的体育参与都是民主的；其二，呼吁在体育教学中构建民主的师生关系，体育教学的民主化是大势所趋。

随着体育教学过程中民主意识的崛起，民主化的体育教学方法也逐渐得到快速的发展。在体育教学方法的选择过程中，也应关注到体育教学中的民主化条件、氛围的创设，让学生在良好的教学环境中学习、参与体育。

4. 合作化

在现代体育教学实践中，只运用一种教学方法不可能完成整个教学，此时需要对多个教学方法进行综合使用，这就是体育教学的合作化。

体育教学方法的合作化，是体育教学方法的重要创新策略，目前，自主学习、合作学习等推崇民主教学的教学方法已经在我国高校得到广泛应用，极大地促进了教学目标的完成和学生的全面发展。

一方面，选择注重学生合作的教学方法，有助于培养学生的体育合作意识，是实现学生通过体育学习进行社会性能力培养与发展的科学有效途径，能更好地通过教学活动组织实现体育的社会性教育功能。

另一方面，多种各具特点的体育教学方法的综合运用，可以最大限度地发挥不同体育教学方法的优势。多种不同特点教学方法的优化合作，不仅能够有效地提高学生的技战术水平和知识，还能够在学生的品德方面有着更着重的培养，更有利促进于学生技战术的学习和提高，能培养学生的合作意识和良好意志品质。这是对多元体育教学方法的一种"优势放大"，有利于体育教学效果的完善和教学质量的提高。

5. 个性化

体育教学中的教学方法面向的是全体学生，但不同的学生之间存在各种差异，这就需要体育教学方法在选用过程中也应突出个性化，体育教学的方法应随着学生各方面的变化而进行适当的调整。个性化的教学方法改革和创新对于学生和社会的发展均具有重要的意义，能真正实现每一个学生都能有所发展和进步。

传统体育教学过分强调教师对教学的指导，教师的教学活动忽视了学生个体之间的差异性，学生的体育学习比较被动。

新时期，随着现代高校体育教学改革的不断深入与发展，再加上现代社会越来越注重学生个性的发展，学生的个性发展得到学校教育的重视，同时，随着新的体育教学理念的推动、新的科学技术在体育教学中的应用，使得现代体育教学中的体育教学方法的个性化发展成为可能，并具有了科学化的操作路径，能促进体育教学中的个性化教学。学生的个性发展要求教师应根据学生的具体情况，采用不同的体育教学方法，这对于提高学生的体育学习兴趣，充分调动学生的体育学习积极性与主动性具有重要的意义和作用。鉴于此，体育教学方法也必然呈现个性化发展趋势。

6. 心理学化

体育具有多元教育功能，促进学生的心理健康发育是体育的重要教育功能之一，体育教学中的教学选择应为体育的心理教育功能的实现服务，体育教师在体育教学方法中应重视学生心理塑造，正确引导学生，培养学生体育健身意识，促进学生的良好体育道德、体育意志品质、体育精神和体育行为的养成。

实践表明，心理学理论在体育教学中的应用对于实现体育教育教学促进学生身心健康发展具有重要意义，为体育教学方法重视学生心理建设、发展提供了启发，通过科学的心理学理论指导，教学方法选用开始更多地关注学生心理，能使体育教学方法更符合学生的心理发育特点和心理活动特点，有助于有针对性地选择合适的体育教学方法，更好地激发学生的体育学习的积极性与主动性。通过影响学生心理来组织和实施体育教学，能更好地实现体育教育教学、更进一步促进学生身心健康发展。

7. 最优化

不同的教学方法各有优点，针对具体教学内容、教学对象特点，教师应善于甄选出最佳的教学方法。

具体来说，要想获得教学方法的最优化应确保：教学方法在创新发展过程中重视教学方法优化策略中的系统性、操作性和实效性。

（二）高校体育教学方法的选择依据

高校体育教学方法丰富多样，不同的教学方法各有优点与特点，要真正发挥教学方法在高校体育教学中的作用就必须要重视教学方法的科学选择，具体来说，高校体育教学方法的科学选择依据主要有以下几个：

1. 根据教育理念选择

教学理念对教学方法选择有重要指导作用，教学方法的选择应以最新体育教学理念为指导，具体要求如下：

第一，现代体育教学强调素质教育，强调学生的身心健康全面发展。体育教学方法选择应体现"以人为本"，促进学生体育参与学习过程中的"健康第一"，并有利于提高学生的体育学习与参与积极性，促进学生的"终身体育"参与。

第二，体育教学方法的选择应体现出学生在体育教学中的主体地位，激发学生的积极性与主动性。

第三，体育教学方法的选择应重视教学活动中对学生的体育意识、体育能力的培养，为学生走出校门、走向社会继续参与体育奠定知识与技能基础。

2. 根据教学目标选择

教学目标、任务不同，教学方法的选择不同。体育教学目标是科学选择体育教学方法的重要依据。

依据体育教学目标选择体育教学方法，要求如下：

第一，从体育教学的总体目标要求出发，保障每次课的教学目标和总体教学目标都能实现。

第二，充分考虑教学媒体的选用能否实现本次课的教学目标，结合目标应用不同教学媒体，选择不同方法。

第三，教学方法要充分考虑具体教学活动安排所要实现的每一个小的教学目标，如为让学生巩固技能，教师应多采用练习法、比赛法等；为了教会学生学习新技能，教师应多采用讲解、示范、分解、模仿练习等教学方法。

第四，现代体育教学总目标是"促进学生体魄强健、身心健康"，所有教学方法的选择都应该以此为标准，不能偏离这个标准而只考虑短期的教学目标实现，短期教学目标的实现也是为长期教学目标的实现服务的。

3. 根据教学内容选择

体育教学内容丰富，向学生展示不同的教学内容，需要使用到不同的教学方法才能呈现出最好的教学效果，在体育教育教学系统中，教学内容、教学方法，是两个重要的系统构成要素，二者之间具有密切的关系。因此，教学方法选择必须充分考虑教学内容。具体操作要求如下：

第一，选择体育教学方法，应充分考虑体育教学内容的方便实施，如技术动作教学，应采用主观的示范法；原理教学，应采用语言讲解教学法。

第二，选择体育教学方法，应充分考虑教学内容的表现方式，通过哪种教学技术能更好地将教学内容呈现给学生，最大限度地激发学生的学习兴趣，就选择哪种最适宜的教学方法。例如，图片展示更直观便捷，还是多媒体教学展示更生动细致，这些都需要教师综合考虑教学内容与表现形式。

4. 根据学生特点选择

学生是体育教学的对象，教学活动开展不能离开学生，否则教学就没有任何意义。对于体育教师来说，体育教学方法的科学选用是为了更好地促进学生体育学习，所以在具体的教学方法选择中应重点考虑学生的特点。

在体育教学中，要想科学地选择体育教学方法，既要考虑学生群体特点，还要考虑学生个体特点。具体来说，根据教学对象特点选择教学方法，应重点关注以下几个方面的工作：

第一，就学生群体特点来说，要根据某一学生群体的共性，科学选择能涵盖学生这些共性的、有针对性的体育教学方法。例如，低年级学生应多采用游戏方法教学，高年级学生应多采用探究、发现法教学。

第二，就学生个体特点来说，要关注不同学生的个体差异，针对不同学生采用不同的教学方法。

5. 根据教师条件选择

体育教师是体育教学组织者、指导者，是体育教学活动安排者，也是体育教学方法的选择者、实施者，因此教学方法选择应充分考虑教师相关条件，具体要求如下：

第一，体育教学方法的选择，应考虑该教学方法是否能被具有一定的素质水平、知识结构、教学能力与经验的教师科学、有效实施，充分发挥出教学方法的优点。

第二，体育教学方法的选择，应充分考虑是否符合教师的教学风格、性格特征。

第三，教师在选择体育教学方法时，应考虑本次课教学目的与课堂控制。

总之，在体育教学方法的选择过程中，教师应认真审视自己，根据自己的实际特点来选择合适的教学方法，以便于扬长避短，使教学方法选择更具针对性。

6. 根据教学环境与条件选择

在整个体育教学活动的开展过程中，体育教学方法的选择应考虑到整个教学活动所涉及的教学因素，其中客观教学环境与条件是应重点考虑的因素，教学方法的科学选择应该能够以这些必要的教学要素为依据。

具体来说，教学环境包括场地器材、班级人数、课时数等，同时，社会文化环境也对教学环境具有重要的影响。体育教学条件则涉及体育教学的硬件条件、软件条件等。

在体育教学活动开展过程中，体育教学环境与条件是不以人的主观意志为转移的，对教学方法的选择具有重要影响。体育教师要选择哪一种教学方法，应关注这些客观教学环境因素的影响，充分考虑如果选择和实施某一种教学方法，有没有实施这种教学方法的必要的客观环境和条件的支持。

（三）高校体育教学方法的优化创新

1. 教学方法的优化方法

随着现代体育的不断发展，新的体育教学方法不断被提出并应用到体育教学中去，体育教学方法体系内容不断得到丰富。在体育教学中，教师在体育教学方法优化创新应用方面的意识越来越强，但也不乏出现为了创新而创新的现象，这种现象违背了体育教学的客观规律，忽视了体育教学中的学生、教师、教学条件等客观实际，是一种不科学的创新。

科学的体育教学方法的优化创新，应注重对教学方法和教学现实进行深入分析，充分了解不同教学方法的各自的优点，针对具体教学内容、教学对象特点，教师应善于甄选出最佳的教学方法。对教学方法的合理运用是科学组织与实施体育教学的重要前提，也是体育教学方法优化创新的前提。

体育教学方法的科学化优化操作，具体要求如下：

第一，在实际的体育教学方法优化创新过程中，必须重视教学方法优化策略中的系统性和操作性。

第二，严谨的系统性能使教师对教学有着非常好的整体把握，更强的操作性则能够帮助教师更加方便地执行教学方法。

第三，教学方法将优化应用于具体教学实践，体育教师应重视对教学方法产生的效果进行跟踪了解，可通过学生的学习反馈收集、整理、分析教学方法使用效果的反馈信息，并对教学方法做出优化调整。

2. 教学方法的组织创新

教学方法的组合创新是现代体育教学方法优化组合的必然趋势和要求，具体是指以合作学习法为基础来进行教学方法的优化创新。从本质上讲，教学方法的组合也是对原有教学方法的一种优化措施。

随着社会的飞速发展，体育教学方法不断创新，传统教学方法不断完善、新的体育教学方法不断出现。在高校体育教学中，体育教师应对教学方法当中的各优势要素进行组合创新运用，以最大限度地发挥不同体育教学方法对体育教学的促进作用。

第三章 现代高校体育教学模式的创新

强健的体魄是人能够进行学习与工作的基础。现阶段，我国大学生的身体素质同以前相比有所下降。如何在新课改的指导下，创新大学体育的教学模式，充分调动他们的运动积极性，从而养成终身锻炼的习惯，成为摆在我们面前的一道难题。

第一节 高校体育分层教学模式的应用

一、分层教学的内涵及理论依据

（一）"分层教学"概述

1. 分层教学的内涵

分层教学是指教师在尊重学生学习主体性及认知规律的基础上，结合学生实际（知识水平、学习态度等）、具体的学习目标以及学习的可能性，根据学生在学习中存在的差异性，而把一个班级或几个班级中的学生按其原有的知识水平和学习能力，分成若干层次，并针对不同层析提出不同的教学要求，设计不同的教学内容和方法，采取不同的激励机制，以促进不同层次的学生都能得到最优的发展，感受到成功的愉悦，实现"利用个体差异，促进全体发展"的目的。

2. 分层教学的指导思路

教师的教要适应学生的学。学生是有差异的，教也要有差异；教育要促进全体学生的发展。教育要以人为本，包括学习困难学生在内的每一个学生都是有充分的发展潜能的，在教育中特别是在课堂教学中要促使全体学生在原有的基础上有所收获，有所提高。不能以牺牲一部分人的发展为代价而求得另一部分人的发展；学生之间的差异是一种可供开发、利用的教育资源，为了开发利用这种差异资源，要在课堂上努力创设一种合作学习的氛围。在这一思想指导下分层教学应做到以下几个方面：一是符合学生的学习心理。分层教学的立足点是面向全体学生，因而必须使教学要求适合每一个层次学生学习的"最近发展区"，使学生在学习中获得成功与自信。二是符合学生在发展中客观存在的需要。每个人都受到不同的遗传因素、家庭因素及社会环境等方面的影响，这必然使学生的发展存在着客观差异，分层教学必须针对学生的"个体差异"，做到有的放矢，区别对待。三是符合课堂的教学原则。在教学过程中，针对不同层次的学生，教学目标分层、教学环节分层等应符合"因材施教"原则。四是符合有利于发挥教师主导作用的要求。因为检验教师主导作用发挥得好与坏的重要标准就是能否使学生积极主动地参与教学。所以分层教学必须使教师的"教"适应各个层次学生的"学"，学生才能真正地发挥主体作用，促使"教"与"学"呼应。

（二）"分层教学"的理论基础

1. 孔子的因材施教理论

在国内，分层教学是一个古老而又崭新的话题。其思想渊源最早可追溯到春秋时期的孔子关于"因材施教"的思想。孔子是我国古代伟大的教育家，他之所以有三千弟子、七十二贤才这样令人称羡的业绩，除了他本人具备良好的素质，主要还是得益于他因材施教的教学思想。关注兴趣，分层优化，孔子对这一问题的认识是相当高明的，他明确提出自己的主张："中人以上，可以语上也。中人以下，不可以语上也。"在学习上，何者为"中人以上"，何者为"中人以下"，孔子认为："知之者不如好之者，好之者不如乐之者。"看来，应以兴趣为区别其层次之第一要素，而知识结构、认识水平等为次。通过这样的区分，学生的兴趣、爱好、才情等的不同就相对符合他应受教育的实际情况，更便于从不同层次、不同角度对他进行教育，更易于最经济地发挥教育之优势，收到更好的教育效果。因材施教的核心是在发现其兴趣、优势后正确引导，扬长避短。俗话说，各有所长，各有所短。顺着这个"长"发展下去，其能力就会得到很好的展示。但可以肯定的一点是，让他在自己所"短"的方向上做出成绩，是绝对不可能的。由于每个人的"长""短"不一，因此他们绝对不可能成为同一类型的人才。分层优化这种做法，远比"一刀切"的教育更适于学生的发展和提高。对不同的受教育者施以不同的教育，这是孔子因材施教思想的精髓，也是这一思想得以实施的保障。它既应成为我们实施教育的指导思想,也应是学生才能有效培养的捷径。

2. 布鲁纳的"学科基本结构理论"

"布鲁纳运用结构主义的方法原理,借鉴其认知心理学的研究成果,提出学科基本结构理论,围绕'教什么,什么时候教,如何教'阐述了其基本观点。"[①] 布鲁纳(Bruner)认为,教学活动的程序会影响学生获得知识和发展能力。因此,教师在教学过程中应该注意设计和选择最佳教学程序,这种程序要考虑学生认识的发展、学生个别差异等。他强调,教学既要探求向优秀学生挑战的计划,同时也不要"破坏那些不很幸运的学生的信心和学习意志"。他还指出:"任何学习的首要目的,应该超过和不限于它可能带来的兴趣"。在教学方法上,布鲁纳主张"发现学习"[②]。分层次教学"分层施教、整体提高"的思想也符合布鲁纳的观点。

3. 巴班斯基的"教学过程最优化理论"

教学过程最优化是巴班斯基教育思想的核心。他指出:"教学过程最优化是在全面考虑教学规律、原则、现代教学的形式和方法、该教学系统的特征以及内外部条件的基础上,为了使过程从既定标准看来发挥最有效的(最优的)作用而组织的控制。"[③] 分层教学要体现素质教育的精神,要想使全体学生既要学得好,又不感到负担过重,就要探索教学过程最优化的方法,以使学生在有限的教学时间里获得最大的发展。

巴班斯基认为可以把教学过程最优化的评价标准规定为:①在形成知识、技能和技巧的过程中,在形成某种个性特征、提高每个学生的教育和发展水平方面可能取得的最大成果;②师生用最少的必要时间取得一定的成果;③师生在一定的时间内花费最少的精力取得一定的成果;④为在一定时间内取得一定的成绩而消耗最少的物资和经费。

4. 教学过程最优化的方法体系

教学过程最优化的方法体系是指相互联系的、导致教学最优化的方法的总和。这一方法体系强调教学双方最优化方法的有机统一,它既包括教学过程的五个基

---

① 孙明杰,杨泽伟,杨继增. 高中物理分层教学的有效性研究[M]. 长春:吉林人民出版社,2020.

② 罗明东. 现代中小学教学论[M]. 昆明:云南科技出版社,2000.

③ 张有录. 信息化教学概论[M]. 北京:中国铁道出版社,2012.

本成分（教学任务、教学内容、教学方法、教学形式、教学效果），又包括教学过程的三个阶段（准备、进行、分析结果）；既包括教师活动，又包括学生活动，强调师生力量的协调一致，从而找到在不加重师生负担的前提下提高教学质量的捷径。

巴班斯基提出要研究学生实际的学习可能性。包括个人接受教学的能力、思维、记忆等基本过程和属性的发展限度；学科的知识、技能和技巧；个人的学习态度等内部条件；家庭、教师、学生集体等影响的外部条件。根据具体情况选择最合理的教学方法。巴班斯基认为，每种教学形式和方法都有自己的优点和不足，有自己的适用范围，实施教学过程最优化必须根据具体情况选择合理方法。而且教学方法具有辩证统一性，各种方法互相渗透，师生从各方面相互作用，因此教师应该根据相应教学阶段的任务，将教学方法进行最优组合，配合运用。采取合理形式，实行区别教学，对学生进行区别教学是教学过程最优化的一个重要办法，为此必须把全班的、小组的和个别的教学形式最优地结合起来。区别教学绝不是简化教学内容，而是对学生进行有区别的帮助。

巴班斯基的教学过程最优化理论，具有兼收并蓄的特点。巴班斯基从辩证的系统结构论出发，使发展性教学的所有研究成果都在教学过程最优化理论体系中占据恰当的位置，通过教学过程最优化体现出发展性教学的最优效果。

5. 教学过程的最优化理论与分层教学

教学过程的最优化理论，从教学目标上提出使全体学生得到最大可能的全面发展，这对全面实施素质教育有极大的启示作用，巴班斯基提出的两条最优教学标准，有利于减轻师生的教学负担，有利于优质完成教学任务和提高教学质量，最大限度地促进学生的身心发展。分层教学正是按照教学过程最优化的理论对教学的各个环节、要素进行优化，本着"照顾差异，分层提高"的原则，使得目标确定、内容安排、教法选定、反馈评价等都有所区别，使之适合不同层次学生的"实际学习可能性"，根据教学过程最优化理论的方法体系，优化最基本的教育活动，并把全班的、小组的和个别的教学组织形式最优地结合起来，推动教学过程的整体优化，谋求全体学生的最优发展。

二、实行分层教学的意义及实现途径

（一）高校体育课实行分层教学的优势必要性分析

1. 分层教学进入普通高校体育课堂的优势

现代体育理论研究表明：21世纪学校体育的目标应该更加注重开发学生智力，完善学生的人格。"分层教学"的体育教学模式在实施过程中依据以下目标进行，即：促进学生的生长发育，增强学生体质；传授知识，掌握一些基本的运动技能；培养运动兴趣和爱好，发展学生的基本身体活动能力；体育教学中渗透思想品德教育，培养良好心理品质；养成良好的体育锻炼习惯，形成健康的生活方式。"分层教学"的体育教学模式是基于"快乐教育""终身教育""成功教育"这三大理论产生的。它在教学上重视学生的个性发展，可以打破过去的"一刀切、一锅煮"的格局，一切从实际出发，满足不同层次的需要，体现区别对待的原则，让学生在自己的学习领域里，享受成功的喜悦，充分发挥长效性。

2. 体育课程体系科学性的要求

《面向21世纪教育振兴行动计划》明确提出，全面推进素质教育体育是实施素质教育的重要组成部分。在实施面向21世纪教育振兴行动计划的进程中，要努力构建适应素质教育需要的大中小学相衔接的、较为科学的体育课程体系。据调查，目前我国新入学的大学生，受应试教育的影响，其体育素质很不理想，他们在进入大学以前，已经接受了十二年的体育学习，但已经掌握了一项运动项目的基本技术的人却占不到总人数的10%，甚至有一小部分学生很少上过正规的体育课，大部分时间都是"放羊式"的自由活动。传统的教学方式很难完成这些参差不齐的中小学体育教育与大学教育的接轨。

3. 分层体育教学有利于面向学生整体

素质教育的一个重要特点是面向全体学生，即要使全体学生都得到发展为原则。分层教学较好地解决了统一施教与学生限度参差不齐的矛盾，有针对性地使优秀生"吃饱"、后进生"消化"、中等生"解渴"。由于在教学中实施了"低起点、多层次"教学，每一个学生都自信地参与教学活动，感受教学带来的快乐，因而中等向优等靠拢、后进迈进中等则十分自然。随着教学活动层次化由低到高的发展，学生的学习和探究能力也得到了相应的提高，使各层次的学生都能在自己的邻近发展区"跳一跳，摘果子"。分层教学适应学生多极化的差异，并使处于不同水平或者类别的学生都能得到充分的发展。

4. 分层体育教学有利于保障学生在课堂教学中的主体地位

教学活动是师生的双边活动，学生是教学活动的主体，因此教师在考虑教学过程时一定要符合学生认识事物的规律。分层教学的特点之一便是尊重学生的需求和重视学生的情感体验，注意教师在教学活动中发挥主导作用的同时强调体现学生的主体地位，以充分发挥学生的学习潜能，提高学生的体育能力。分层教学改革了传统的教学手段和授课形式，促进了教学过程的"个别化""个性化"，以学生独立的、自主的活动来代替班级呆板、统一的活动，给学生更多地适应个性的机会。尊重学生在知识、技能、兴趣、个性等方面客观存在的差异，努力实现"个别化"与"集体化"的最优组合以弥补传统教学单一、呆板和僵死的严重的缺陷。这是主体性教育思想对当前体育教育的迫切要求，也是体育课实施分层教学的优势。

5. 分层体育教学有利于增强学生的运动兴趣，培养其终身体育的精神

学校体育是终身体育的基础，大学体育是学校体育的最后阶段，大学时期的体育教育对终身体育观念的树立有着重要的意义。在学校实施终身体育的关键是要培养学生锻炼身体的兴趣，养成习惯，持之以恒。学生对参加学校体育的兴趣、爱好和习惯的形成，是奠定终身体育基础的重要标志之一。因此，在学校体育教学中应该培养学生对体育的兴趣、爱好，要求和促使学生养成体育锻炼习惯的观念。实施分层教学，就是根据学生原有的知识和技术水平，把学生分成相应的组别，为其设定相应的学习目标，这些目标对每个学生来说都不是可望而不可即的，也不是不努力就可以达到那么简单，而是经过一定的努力过程才会得到的收获。这种方式能够使学生感受到成功的快乐，从而提高学习兴趣。对能力较强的学生而言，难度可以设置得更大一些，让他们享受到挑战的快乐，在每一个学生心中种下自信的种子，促使他们发挥积极性、主动性。

分层教学使每一个同学都可在教师的引导下，根据自己的水平和能力从低层次目标开始逐步升级，这样每一个学生的水平和能力都会得到提高，进而使教学做到真正意义上的因材施教、循序渐进、由浅入深、有一定的梯度。学生根据自己的限度，通过自己的努力，实现了自己最近发展区的运动能力，从而不断地进

步和发展。分层教学是以"问题探索—问题解决"为主线，以学生自主探索活动为主体，以教师点拨为主导，以培养学生学习兴趣和能力为中心，以优化课堂教学、培养学生学科素质和大面积提高教学质量为目标的课堂教学模式作为学习的主体，学生虽然处于不同的认知和能力发展阶段，但是他们作为教育对象从本质上来讲没有优劣之分，只有不同层次之分，不同层次的学生所获得的相同甚至不相同限度的进步，对于教师来说本质上是相同的。分层教学注重发展每一个学生的潜能，为不同的学生创造各种尝试、探索、发现和发展的条件和机会。在分层教学过程中，不同层次的学生通过努力，都能在各自学习的"最近发展区"获得最佳发展，人格受到尊重，个性得以发展，素质得到提高。分层教学符合教学规律和学生实际，对学生发展有利，符合学生愿望，实施分层教学是必要而又可行的。

（二）高校体育课分层教学的实施准则与方法

1.普通高校体育课分层教学的实施准则

在普通高校体育课分层教学的实施过程中必须遵循六个教学原则，即因材施教可接受原则、多元性原则、层次性和整体性原则、递进性原则、隐蔽性原则和反馈性原则。

（1）因材施教可接受原则

19世纪的俄国教育思想家乌申斯基曾说过："如果教育学要在一切的关系上培养一个人，它就应该首先了解人的一切关系。"[①] 可见了解学生之重要，它是"因材施教"的基础。要全面深入地了解学生，就应坚持全面和发展的观点，科学地分析其个别差异与可变因素，引导其向好的方向发展。"对症下药"，把"因材施教"真正地落实到每个学生身上。在教学中，教师既要从绝大多数学生的需要出发，又要考虑到个别学生的需要。无论什么样的学生，肯定有其特殊的一面，应该认识到每个学生特有的长处，"对症下药"，采取有效措施发挥学生的特长，使其得到充分发展。苏联教育家巴班斯基指出："可接受原则要求教学的安排要符合学生实际学习的可能性，使他们在智力上、体力上、精神上都不会感到负担过重。"教学要求应该是学生可接受的，学生通过努力可以达到的，使每一个学生充分地发展。层次的选择也应该是学生可接受的。

---

① 常春元.教育原理[M].武汉：湖北教育出版社，1986.

（2）多元性原则

在进行体育课分层教学时，不能简单地通过身体素质水平测试高低或运动技能掌握情况来划分层次，而应该注重学生在自我意识、兴趣、爱好、个性和特长等方面的差异。根据不同层次的学生制订出适合他们身心发展水平和需要的教学计划。分层体育教学的形式应该具有多样性，不应局限于单一的班级、年级和运动项目分层形式，而应该采用更为灵活的教学策略。秉持着多元化的表达方式，容纳着各种不同的形式。

（3）层次性和整体性原则

教师应当全面考虑学生在基础知识、学习方法、学习能力等多个方面的实际情况，将教学目标、教学内容、课外锻炼、测试与评价、矫正—调节—提高等多个方面分层设计，形成一个完整的体系。尽管进行分层教学，但学生的发展应该是完整的，只有通过自身的努力，全体学生才能得到最佳的发展，这才是整体目标。

（4）递进性原则

层次的划分要公正、客观，充分考虑学生的实际情况，同时要用发展的观点看待问题。经过学习，学生的学习情况是不断变化的，所以层次和目标也应是动态的。教师通过各种渠道，及时，调整层次及教学计划，加强个别指导，能够使后进生大步跟上，少数优等生脱颖而出。对学生的分层划块并非固定的。教师要根据学生的学习和发展情况进行阶段性调节。做到"有进有出""有上有下"。其目的是始终把学生置于最有利于他们发展的环境中。

（5）隐蔽性原则

在教学过程中，应以学生的实际情况为出发点，充分尊重他们的人格和创新精神，并在分层次教学的过程中不断增强他们的内在驱动力，以确保不同层次的学生都能自觉、积极、主动地参与到整个教学活动中，参与到实现教学目标的全过程中。此外，教师还应清晰地了解学生分层的具体情况，以便心中有数。但又不能将某个层次定义为差、中、优、良等内容，不能将其作为评价学生的依据。这是因为：分层不是一种针对学生学习成绩的终结性评价。其目的也不是一种对学生能力的测验，而是为了学生的发展。具体操作时应注意保护学生的自尊心。尽量减少由于分层对学生造成的心理负担。

（6）反馈性原则

无论采用何种形式的分层，都应该注重维护学生的自我尊重和自我价值感。在实施教学策略的过程中，必须加强反馈机制，及时采取纠正措施以确保教学效果的最大化。对于中下层学生的逐步进步，我们应给予充分的肯定和鼓励，激励他们不断挑战自我，追求成功的喜悦和成就感。在进行分层教学时，必须对教学内容和学生的掌握程度进行精准评估，同时对各项内容的分层效果进行细致、科学的评价，并根据评估结果设计或调整下一步的教学计划。

2. 普通高校体育课分层教学的实施路径

为了推动普通高校体育课的分层教学，在贯彻好分层教学的实施原则的前提下，我们必须采取若干有效的策略。本书结合理论研究与以往的实践归结，提出实施分层体育教学的两种主要策略，即在体育教学中始终把握"以人为本"的教育理念；分层教学的方式及系统性。

（1）将"以人为本"的理念贯穿教育的全过程

人的全面发展是教育追求的最高目标。当代世界教育思想发展的核心是以人为本。分层体育教育应贯彻以人为本的教育观念。在实行体育教学实践中，确立学生的主体地位，增强学生的学习自信，营造良好的教育氛围，发掘学生的发展潜能。人本主义教育认为，教育的核心目标就是挖掘学生的潜能，促进每个人内在潜能的发展；重视培养受教育者的完整人格。人本主义教育主张培养"完整的学生"，追求"人的能力的全域发展"：学生是学习的主体。人本主义教育从"以学生为中心"的教育原则出发，十分重视在教育过程中调动学生的积极性，发挥学生的主体作用；要求尊重学生的个体差异。人本主义教育认为，不论是发展的限度还是发展的方向，每个人的潜能是各具特色的，在教育过程中应承认差异，尊重差异。

（2）关于分层教学的方式及系统性

在分层方式上，有些学校盲目分层，或是分层标准单一，简单地按身体素质或运动技能的掌握限度将学生分成高、中、低班，这种单一地按某一个因素分班的方式，可能给学生带来沉重的心理负担，失去自信心。同时低层班级的学生通常不能获得足够的教学资源和激发学习兴趣的课程。分层教学的方式可以依据学生的身体素质、运动技能掌握情况、学生的兴趣爱好、学生的自我倾向等关键因素通盘考虑,由学生自己选择。在对学生分层的基础上,在教学上要做到有针对性地进行分层备课、分层授课、分层训练、分层辅导和分层评价,使得整个分层系统得以完善,建立新的考核评价制度,创新评价工具,以做到教学有的放矢,区别对待,最大限度地调动各层次学生的学习积极性,使每个学生都能在原有基础上得到尊重和发展。在分层教学过程中,教师会根据实际情况对学生提出较高要求、一般要求和最低要求,把原来统一的教学内容变为不同层次的教学内容,让不同层次的学生自主选择适宜自己的目标要求,并在学习中表现为达成目标所做出的积极行为。使得面向全体与注重个别差异既辩证又统一,既突出群体水平的提高,又照顾了个别学生的一些特殊要求。激发学生积极学习的竞争心理,贯彻激励原则,动态式的层次管理的方式,随时肯定和帮助一些学生。作为教师应该认真地研究各种不同层次学生的特点、教学内容的安排、教法与学法的选择等多方面的问题,更好地完成分层教学的目标。

第二节 高校体育俱乐部教学模式的应用

随着我国改革的不断深入发展,在高校教育中寻求改革与发展的教学模式也成了当务之急。体育教学仅仅依凭国家的投资来实现其教学的任务与目标不能够实现社会主义市场经济体制下对学生应变能力以及创造能力的培养。这就需要高校体育的教学能够构建起适合我国国情发展需要,培养学生个性发展的多层次、多渠道的高校体育教学模式,即当下提倡的高校体育俱乐部。高校自推行俱乐部的教学模式之后,便在各个院校中得到了很快的发展与提高。据相关数据统计,我国目前采用俱乐部模式的体育教学高校约占到了15%。本书即通过对高校体育俱乐部这一模式的研究,探讨如何在高校实施这一模式并为高校体育俱乐部的发展及其建设提供重要的依据。

一、高校俱乐部型体育教学模式概况

(一)现今我国高校体育俱乐部教学模式的发展状况

在17、18世纪,欧洲国家开始采用体育俱乐部这一形式进行体育教学。在

1608年，英国的高尔夫运动领域出现了俱乐部的形式。在当今时代，俱乐部的形式已经成为各国推动自身体育事业发展的一项至关重要的选择。在某些欧美国家，这类体育俱乐部可分为两种主要形式，一种是业余的，另一种则是专业的。我国高等教育机构在推进体育改革的过程中所倡导的体育俱乐部主要是根据《全国普通高等学校体育课程教学指导纲要》和《学校体育工作条例》，并结合学校自身的发展状况而实施的。

在当代社会，高等教育中的体育教育与传统教育呈现出截然不同的特色。为了促进大学生身心健康的全面发展，我们将综合考虑学生的兴趣爱好和运动项目的独特特点，并在教学课程设置方面进行精心设计。在我国高校的体育教学中，大学一年级和二年级通常将体育课程视为必修课程，以确保学生不仅能够提高身体素质，还能够在体育课堂中获得特定体育运动的技能。因此，在众多高等教育机构中，体育教学内容涵盖了篮球、足球、排球等传统球类项目，以及备受学生欢迎的体育舞蹈、健美操、网球、跆拳道和太极拳等健身项目。高等院校的体育教学和社团形式是高校俱乐部活动开展的主要依托，而众多体育协会则由学生自发组织。然而，由于多种因素的影响，体育运动的实施水平并未达到令人满意的高度。由于体育俱乐部得到专业人士的指导，并且在学习和锻炼过程中提供了充足的场地和运动器材的保障，因此学生的参与热情得到了显著提升。

（二）高校俱乐部型体育教学模式的定义与特征

在当今全面推行素质教育、以学生为中心、教师为辅、注重培养学生独立思考和创新能力的时代，高校体育教学模式的改革必须遵循教育基本理念，关注社会和个人的和谐发展需求。传统的体育教学模式过于强调学生的"三基"掌握情况，而忽视了学生的情感、兴趣和爱好，导致学生的积极性和思维创造能力受到影响，同时也不利于学生养成良好的体育锻炼习惯和形成终身体育思想。通过建立高校体育俱乐部的教学模式，学生能够更加积极地参与体育学习和锻炼，从而为不同个性、爱好和身体条件的学生提供了参与体育锻炼的机会，实现了他们的体育目标和理想；此外，该平台还为学生提供了更多的互动机会，促进了他们之间的相互理解和协作。因此，高等教育机构有必要建立一种以体育俱乐部为核心的教学模式。

1. 高校体育俱乐部教学模式的定义

体育俱乐部的教学模式，旨在根据高校人才培养目标和大学生对体育教学的需求，通过俱乐部形式组织进行的体育课教学，培养和建立学生终身体育意识，使其掌握1~2项长期从事锻炼身体的技能和方法，充分发挥个人的体育才能、兴趣与爱好，为其终身健康奠定坚实基础。体育俱乐部的教学模式应当以满足学生个体需求、促进学生心理全面发展为核心目标。体育教学是学校体育的主要形式，学生可以根据个人需求自主选择所学项目和授课教师，在教师的指导下，以俱乐部的形式围绕某一运动项目进行教学。

2. 高校体育俱乐部教学模式的特征

（1）教学内容的设置更加强调以人为本

传统的体育教学模式忽视了学生的个性、兴趣、情感、爱好、才能等方面的特点，导致课程内容设置单调乏味，难以激发学生的学习热情。相较于传统的体育教学模式，体育俱乐部教学模式以多类型、多层次的组织教学形式满足了学生的个性化需求，充分发挥了学生与教师在教学中的整体互动作用。在体育俱乐部的教学模式下，教学内容和体育运动项目的多样性和丰富性得到了充分的体现，这不仅能够满足学生对于体育课的多样化选择需求，还能够激发学生上课的热情，同时也为学生拓宽自主活动空间提供了有力的支持。

（2）有针对性地设置教学内容

在大学阶段，学生的身心发展已经达到了相对成熟的阶段，然而由于个体差异的显著存在，学生对于体育的兴趣和爱好也呈现出明显的差异。为了满足学生不同的体育需求，俱乐部采用了多种教学模式，并制定了相应的学习内容和考核标准，旨在提高学生的体育专项运动能力。通过这种教学模式，学生的主观能动性得到了充分的发挥，从而为他们树立了终身体育的理念，培养了他们的运动习惯，为学校体育与社会体育的融合奠定了坚实基础。

（3）学生灵活选择所学内容

在传统的体育教学模式中，课时计划被统一安排，强调教师的主导地位和教学计划的执行情况，同时注重技术动作的掌握限度和教学计划性与统一性的有机结合。通过利用当今信息传播方便、快捷的特点，体育俱乐部的教学模式可以将学期内的教学计划、任务、任课教师的简历、教学指导思想、教学方法以及如何考核等教学资料以公告或网页等形式提供给学生。学生有权根据自身的身体素质、兴趣爱好等因素，自主选择学习内容和授课教师，以达到最佳的学习效果。采用这种教学模式，有助于学生初步掌握体育运动的项目，根据自身特点选择感兴趣的学习内容，从而与教师紧密配合，共同实现教学目标，使体育教学能够按照其发展规律有序进行。

二、高校体育俱乐部教学模式的可行性分析

（一）体育俱乐部教学模式的主要特点

在教学指导思想方面，应当注重激发学生对体育学习的热情，并在此基础上提升他们的体育素养。针对不同年级的学生，我们可以提供多种形式的体育俱乐部课程，以满足他们不同的兴趣和需求。在体育俱乐部教学模式的引导下，教师应当转变教学方式，以学生的健身活动为主，而非主导整堂课程的讲解活动，这需要打破以往的传统观念，摆脱以教材、教师和技术技能为中心的束缚。通过实施这种教学模式，学生和教师可以获得更大的自由度，从而减轻彼此在教学和学习方面的压力和负担，进而培养出一种自我约束的锻炼习惯。另外，对于**体育俱乐部模式**而言，必须充分发挥学生的主体地位，并高度重视学生自主学习的能力。对于学生的个性发展，必须给予充分的尊重和关注，以确保他们在未来的学习和发展中能够得到充分的关注和支持。通过加强学生的特长培养，激发学生对体育运动的浓厚兴趣，我们可以有效地克服传统体育教学中过分强调技术的弊端，从而促进学生个性的全面发展，并不断培养他们的终身体育意识和行为。

（二）高校体育俱乐部教学模式的优点

将高等院校的体育社团纳入体育教学管理体系之下，可为大学生提供一个基于个人兴趣和特长的学习平台，使其能够在此学习基本知识、技能和技术，同时也能不断激发学生的体育运动热情和自觉性。通过俱乐部的形式，有计划、有目的地开展各项体育活动，并不断规范和引导大学生的体育活动，可实现高校体育教学与学生课余体育活动的有机结合，以保持两者之间的一致性和连贯性。针对高校体育俱乐部的设置形式，我们可以突破高校体育课程的课时限制，将大学生的体育教学过程贯穿于整个高等教育过程中。以终身体育为主线，使学生在系统

化的体育教学过程中不断探索自我，培养良好的锻炼习惯，从而终身受益。

这一教学模式的卓越之处在于，它能够有效地激发学生在体育学习中的主观能动性，从而达到更好的教学效果。在普通高校中，这种体育教学模式非常注重学生的兴趣和特长，因此成了一种非常理想的教学方式。

（三）明确高校体育俱乐部建设的目标

为了激发学生对体育运动的热情，培养他们对体育的热爱和兴趣，高校设立了体育俱乐部，以多种形式的体育活动为手段。高校采用体育俱乐部这一教学模式的主要原因之一，在于其旨在培养学生全面发展的体育素养，提高其综合素质和综合能力。高等教育机构应当采用体育俱乐部教学模式，以激发学生对体育活动的热情，并培养他们对终身体育的认知。为了学生的身心健康，我们需要不断加强学生对体育知识的掌握，并积极引导他们养成体育锻炼的良好习惯。有意识地培养学生的协作精神、体育伦理和竞争意识，以促进其全面发展和成长。

（四）学校需因地制宜发挥优势，进行体育俱乐部的教学

学校在开展体育俱乐部教学时，应当充分考虑到其所处的教育环境和学生群体的特点，以便更好地满足他们的需求。为了保护和弘扬学校内在的优势，我们需要不断引入社会化和生活化的体育运动项目，以丰富体育教学内容。在体育俱乐部的教学和项目设置中，应当充分体现"终身体育"的理念，以确保学生在体育活动中获得持久的身体锻炼和终身学习的机会。除此之外，学校应当充分发挥自身的优势，因地制宜地开展体育俱乐部模式的教学活动，确保对学校的体育设施、场地以及体育器材的妥善安置，以达到高效利用的目的。为了最大程度地利用校内的体育资源，需要合理、科学地规划体育馆、体育场和健身房等活动场所的活动时间。

（五）进一步完善高校体育俱乐部的组织管理

为了最大化高校体育俱乐部教学模式的效率，必须建立一个高度组织化、有序运行且职能明确的管理机构，以加强对体育俱乐部的监管。为了充分发挥高校体育俱乐部的作用，必须建立一个必要的前提条件，以促进其最大化的效益。该组织机构不仅需要提供必要的指导和支持，以促进各个单项体育俱乐部的运营和

发展，还需要发挥监督职能和自身管理的作用，以购置设备、筹措经费，并监督和管理组织的运营。

通过一系列的分析可以得出，采用俱乐部模式的高校体育教学是一种相当优越的教学方式。在大学一、二年级的必修课程中，无论采用何种形式进行教学，都必须配备相应的场馆设施，以满足体育教育的需求。随着体育俱乐部教学模式的推广，学生更倾向于选择室内课程，这就要求场馆的设施得到最大程度的优化利用。加强教师队伍建设是必要的，特别是对于教师而言，采用体育俱乐部的教学模式将对其业务素养和专业水平提出更为苛刻的要求。因此，为了适应教学上的新要求，体育教师应该接受定期的专业培训和学习，以积极主动的态度来提升自己的教学水平。尽管体育俱乐部模式仍有许多可提升之处，但在具体的教学实践中，该模式的教学效果显著。

三、高校实施体育俱乐部教学模式的重要性

（一）与新型教育特征要求相一致

高等教育体育俱乐部的教学模式与当代体育的时代特征相契合，充分发挥了学校体育在素质教育中的重要作用。当前，我国的教育体系注重培养学生的综合素质，旨在引导他们成为有品德、有能力适应社会的人。随着科技的不断进步和人们对体育认知的日益深入，运动方式正逐渐向温和、循序渐进的体育锻炼转变，以替代那些不科学的高强度运动。作为身体文化和社会文化的重要组成部分，高校体育俱乐部的教学模式在修身养性、育德教化等方面具备独特的功能。它摆脱了以往单纯的健身与传技的束缚，以学生为中心，注重学生主体的全面发展和个体的健康成长，呈现出一种全新的理念。

（二）把"健康第一"指导思想摆在首要位置

如《中共中央 国务院关于深化改革全面推行素质教育的决定》所述，青少年为祖国和人民服务的基本前提是拥有健康的体魄，这是中华民族蓬勃发展的生动体现。世界卫生组织最新规定的健康标准是：健康是身体、心理、社会适应性和道德的完美状态。高等教育机构采用体育俱乐部教学模式，其体育教学的直接目标已不仅仅是提高学生的身体素质，而是以促进学生身心健康为主要目标，以

身体锻炼为主要手段,引导学生运用体育手段调节日常生活,调节心理和行为,影响和干预自身的心理素质,推动心理和行为向着健康的方向发展。

(三)满足了大学生心理发育与生理发展的要求

在大学生身体成长发育的关键时期,身体形态、机能和素质等多个方面的全面发展,标志着人体各个器官的成熟和发展。由于多种因素的影响,包括但不限于性别、年龄、环境、营养和体育锻炼等,每个人的身体素质和运动机能都会呈现出显著的个体差异。而随着时间的推移,大学生的个性心理特征已经趋于稳定,他们已经初步掌握了一些体育运动技能和技巧知识,积累了相当丰富的体育锻炼经验,对体育活动的认知也逐渐加深。为了满足学生不同的身体素质和兴趣爱好的发展,大学生体育俱乐部设立了多个单项俱乐部,并提供了充足的时间和场地,通过多样化的锻炼内容和方法,鼓励学生积极参与,以满足他们的需求。

(四)增强了学生的体育兴趣

通过对教学形式和教学方法等方面进行更新和变化,体育俱乐部的教学模式成功地激发了学生的求知欲和表现力。在学习和竞赛活动中,学生扮演着不同的角色,体验着不同的乐趣,感受着成功所带来的愉悦和满足。在充满欢乐的体育学习氛围中,学生不仅能够掌握知识,还能够锻炼自身的能力。在教学活动的安排上,适当地引导学生自主规划练习方式,设定科学的考核标准,有助于培养学生的逻辑思维能力,激发学生的主动性和积极性,从而实现互帮互助、自我完善的目标。通过引导学生从被动的"要我锻炼"向主动的"我要锻炼"转变,有效地培养了他们对终身体育的认知,从而对他们的体育健身意识形成产生了极为积极的影响。

(五)培养了学生良好的个性心理

在体育俱乐部的教学模式中,我们充分认识到学生之间的差异,并对每一个学生进行个性化的对待,致力于为每个学生提供最适合自己的环境,以促进他们的全面发展。这种教学模式可以激发每个人的学习兴趣,使他们都能积极主动地投入体育锻炼中去,提高身体素质。在教学过程中,教师对每一个学生的表现给予及时的肯定和激励,这激发了学生的内在动力,既促使他们在学习和实践中克服各种困难,更加专注地完成练习,又促使他们不断思考,培养了他们发现、分析和解决问题的能力。由于俱乐部的教学模式以学生的兴趣为基础，因此在教学活动中，教师和学生之间的互动更加融洽，学生之间通过相互交流、相互支持、相互协作，从而增强了团队的凝聚力，优化了俱乐部的内部环境。

（六）提高了学生的社会适应性

高等教育中的体育教育是学校体育活动的最终阶段，同时也是学校生活和社会生活交替的关键时期，这个时期所学到的知识、技能和养成的习惯对人的一生产生的影响最为深远。比如学生竞聘负责人、自我设计锻炼方法、俱乐部考勤、自创自编动作进行比赛等活动，不仅培养了学生积极上进、开拓创新的精神，同时也塑造了学生吃苦耐劳、团结协作的良好品质，使学生具备积极的人生态度、开拓创新精神、沉着应变能力、团队合作精神、敬业精神等。俱乐部经常邀请那些在学业上有所成就的学生与其他学员进行交流，分享他们的学习心得，这不仅提高了学生的语言表达和人际交往能力，也为学生之间的交流和感情增进提供了机会和平台，更强化了他们的社会化程度。

四、体育俱乐部教学模式的构建与完善

我国高等教育机构的体育俱乐部建设可分为四个主要部分：决策系统（宏观角度主要指教育部体卫艺司、群体司，微观角度主要指各普通高校体育教学领导小组）执行系统（宏观角度主要指体育卫生处和各高校体育教学领导小组，微观角度主要指各高校教务处、各院系体育教研组以及体育俱乐部的教学老师等）反馈系统（宏观角度主要由省市专人和部分高校校长组成，微观角度主要由高校指派专人组成）监督系统（宏观角度由教育部体卫艺司、群体司指派专人，微观角度由高校体育领导小组指派专人），决策系统发出指令，执行系统进行落实，反馈系统对信息进行处理后反馈至决策系统，对指令进行修改或发出新指令，监督系统监控督促过程与结果。

（一）解决经费筹措问题

大多数高校在开展体育俱乐部教学时都面临着资金短缺的问题，而俱乐部的正常运营离不开资金的支持。因此，在俱乐部的初级阶段，政府拨款投资办学是最佳的方式，以促进民营资本的进入，而剩余的不足部分则由高校进行弥补；在

运营的过程中，高等教育机构可以通过向社区居民开放俱乐部并收取适当的费用，同时也可以向学生收取合理的费用来维持运营。

（二）促进场地器材达标

为了解决高校普遍存在的体育场地、器材不达标的问题，决策系统应该进行全面的规划和设计，如果资金不足，可以采用分阶段、分批次的方式对硬件设施进行开发和建设，同时积极拉动赞助商提供相关器材的赞助，并向外界开放以获取盈利，以扩大场馆建设和器材的购置和维护规模。

（三）提高俱乐部师资队伍建设水平

首先，我们需要与社会人才资源库建立紧密的联结，以加强市场引导，并在引进体育俱乐部相关人才时注重数量和质量的保证；其次，在引进人才后，应注重提供职后教育，包括技能培训和思想道德素质提升等方面，以不断完善他们的知识和素质教育，从而推动教学素质的不断提高。此外，高等教育机构应不断拓展教学内容，丰富体育俱乐部的教学形式，以适应自身实际需求，不断完善和提升，构建具有中国特色、地区特色和高校特色的体育俱乐部教学模式。

在当今体育改革的浪潮中，建设和发展体育俱乐部教学已成为必不可少的趋势和手段，因此各高校应该深刻认识到这一点，及时转变传统观念，加大体育俱乐部教学的力度，积极推进建设和完善进程，并不断吸收国内外先进经验，探索出一条符合我国国情的体育俱乐部教学发展之路。

第三节　高校体育翻转课堂教学模式的应用

一、翻转课堂教学模式概述

（一）翻转课堂的概念

"Flipped Class Model"，又称为"翻转课堂式教学模式"，它是新时代、新技术发展背景下的创新性教学思维和教学方法，是一种区别于传统课堂教学模式的全新的、深层次混合学习模式，其在教学内容、教学手段以及教学形式上与在线学习深度融合，构建成更加适宜于高校学生身心发展的创新性教学理念和教学模式。Flipped Class Model 翻译而来的"翻转课堂"，是一种相对于传统课堂式教学模式而言的教学方式。翻转课堂也被称为"颠倒课堂式教学模式"或"微课程化混合式教学模式"等。对于翻转课堂这一概念，国内外存在着多种不同的阐释。

亚伦·萨姆斯（Aaron Sams），美国最早实践翻转课堂教学模式的化学教师，主张将传统课堂上的直接授课方式转变为课外活动，以最大限度地利用节省下来的时间满足不同个体的需求。

根据英特尔全球教育总监布莱恩·冈萨雷斯（Brian Gonzalez）的观点，倒转的教室是指教育者为学习者提供更多的自主权，如将知识传授的过程置于教室外，以使每个人都能够选择最适合自己的方式接受新知识；而将知识的内化过程置于教室内，以促进同学和老师之间更深入的交流和互动。

江苏省苏州市电化教育馆金陵认为，翻转课堂是一种全新的教学结构，它将"老师白天在教室上课，学生晚上回家做作业"的教学模式翻转过来，构建了一个"学生白天在教室完成知识吸收与掌握的知识内化过程，晚上回家学习新知识"的教学模式，使得学生在课堂上完成知识吸收与掌握的内化过程，在课堂外完成知识学习。

据清华大学信息化技术中心钟晓流等人所述，翻转课堂是一种全新的教学模式，其核心在于教师提供以教学视频为主要形式的学习资源，学生在上课前得以观看和学习教学视频等学习资源，而师生则共同参与作业答疑、协作探究和互动交流等活动。

他们认为翻转课堂是在信息技术支持的环境中进行的，教师在课前为学生提供了具有针对性的教学视频和学习任务单等资料，以帮助学生进行自主学习并实现知识的传递；课中通过自主探究、合作探究以及师生共同答疑等多种形式，让学生实现知识结构的内化，并进一步实现了教与学的有机结合。

（二）翻转课堂的本质内涵

翻转课堂教学在形式上颠覆了传统课堂教学中课下与课上环节的关系，将传统教学形式中课上的知识传递过程与课下的知识内化过程颠倒，实现了课前知识的传递和课上知识的内化的完成。在宏观层面上审视翻转课堂的实质，我们可以发现，借助信息技术的强有力支持，翻转课堂已经引发了学校教育模式的全面转型。翻转课堂实现了教师和学生之间关系、地位和作用的本质性转变，将传统教学中以教师为主体转变为以学生为主体，采用课前在线学习和课上面对面交流、合作的教学流程，通过课前知识获取和课上知识内化，分解知识难度，增加知识内化次数，促进学习者知识的有意义建构，最终达到掌握知识的目的。在翻转课堂的教学过程中，学校和教师的关注点已经从教学内容转向了学生的学习活动，这一转变为他们提供了更多的学习机会和资源。

（三）翻转课堂的特点

传统教学历来奉行"课上教师教学，课下自主内化"的教学原则和模式，而翻转课堂教学模式就是对此固定化的教学模式的"翻转"，即采用在线学习的方式实施学生自主、独立学习。学生根据自身情况选择学习资源，自行学习和吸收知识，而课堂上不再进行知识的首尾传授和梳理，教师必须要利用课堂时间通过特定的课堂活动有效引导学生内化知识。翻转课堂教学是对传统教学思想和模式的一大颠覆，其必然为高校体育教育教学带来更多的生机与活力。

翻转课堂教学模式的主要特征和优势在于在主干课程学习中有效嵌入了网络技术手段，从而显著增加了学生的课堂实践时间，提升了教学质量和水平。这种创新型教学模式和手段的应用来自社会经济、信息技术的发展，也来自现代教育理念的更新，反映了当前教育领域的变革精神与创新积极性。翻转课堂教学强调学生的主动性以及个性化差异，能够在激发学生学习积极性、能动性的同时，尊重学生个体差异，充分考虑不同个体的特征与需求，通过多方面、多元化、多层次的教育手段实施教学，从而使学生取得综合性的发展和进步。可以说，翻转课堂教学的价值更多的在于其教学模式对于学生知识、技能以外的培育和影响，评价学生并不仅在于学生的学习成绩，而更多地关注学生的学习态度、学习兴趣、学习自主性、社会适应能力、自主探究能力、合作沟通能力等。

翻转课堂变革了传统课堂的教学理念和方式，使得课堂教学各要素发生了根本性改变，如表 3-3-1 所示。

表 3-3-1　翻转课堂与传统课堂要素对比

要素	翻转课堂	传统课堂
教师	学习指导者、推动者	知识讲授者、课堂组织者

续表

要素	翻转课堂	传统课堂
学生	积极主动探究者	消极被动接受者
教学形式	课前深入学习+课堂知识内化	课堂知识讲解+课后作业练习
技术应用	自主学习、交流反思、协作讨论及个性化教学	内容展示
评价方式	多元化评价（生生互评、师生互评等）	传统纸质测试

（1）教师角色的转变

翻转课堂对教师角色进行了极大的颠覆和翻转，教师开始由知识讲授者、课堂组织者向学习指导者、学习推动者身份转变，课堂教学不再强调教师的中心地位和绝对权威，而是使其成为学生学习活动和行为的推动者。在这一教学模式中，教师为学生的问题思考、问题解决提供必要的学习支持，促进学生学习资源、知识信息的快速获取、有效处理与科学应用。而随着这一职能的转变，教师自身教学技能也相应发生改变。为了适应于翻转课堂的教学形式和要求，教师必须采取适当的教学策略和合理的课堂设计帮助学生知识结构的建构，尊重和明确学生在学习中的中心地位，必须要依次设计和建构科学有效的课堂学习活动、单元学习模块以及评价反馈体系，而这对于教师自身的教学技能来说是一个极大的挑战。

（2）课堂时间的重新分配

翻转课堂教学强调将课堂还给学生，因而在教学时间上也更加考虑学生学习特征和需求。在教学中，大部分时间属于学生自行支配的学习时间，一小部分留给教师针对学生的自学情况实施针对性辅导，教师的课堂讲授时间较传统课堂教学来说显著减少。随着教师主导时间的显著减少，其相应的教学行为和活动也减少了，许多原来课堂上讲授的知识移至课下。翻转课堂教学强调课堂时间的高效利用，同时也强调课下时间的学习，基础知识传授在课前、课下完成，大大延长了教学时间，显著提升了教学质量和效果。

（3）学生角色的转变

翻转课堂教学强调为学生创设个性化的网络学习环境，在这种具有开放性、自由性的学习空间中学生可以自主决定学习内容、学习时间和学习地点，根据自身特征和需求展开个性化学习。显然，翻转课堂教学极为强调学生的高度参与，它从根本上赋予了学生学习行为和活动的灵活性，使学生不再是教与学活动中的被动接受者，而是可以自主、平等参与师生学习交流活动的信息加工者。

（四）翻转课堂应具备的条件

1. 信息技术及设备的保障

翻转课堂是一种利用互联网和计算机在课前获取教学内容以及教师自主制作的学习资源包的方式，通过这种方式，学生可以提前掌握所学知识，并在课堂上与教师进行互动讨论，以达到优化教学效果的目的。这一全新的授课模式以互联网和计算机为基石，为学生提供了前所未有的学习体验，采用一种具有前瞻性和开放性的授课方式，以激发学生的学习热情和调动其主观能动性为目标。

2. 学习者自主学习的能力

学生的自主学习能力与翻转课堂这一教学模式的成功实施息息相关。学习者的自主学习能力是建立在计算机和互联网这两个基础设施之上的先决条件。通过使用此学习课件，学习者可以发现并整理其中的教学内容，进而认识到自身对所学知识的掌握程度和不足之处，并在课堂上积极与教师互动，以达到完成教学内容的目的。

3. 学习者发现问题和解决问题的能力

翻转课堂颠覆了传统的教学范式，将以教师为中心的传统课堂模式转变为以学生自主学习为核心的全新模式。在这个过程中，学习者需要具备足够的洞察力和解决问题的能力，以应对各种挑战和难题，同时需要仔细审视并深入理解所呈现的课件或视频内容，反思自身对其理解的不足之处。在上课之前，务必做好充分的准备，并提出相关问题以确保课堂顺利进行。

（五）翻转课堂的优越性

1. 有助于个性化学习和因材施教

在翻转课堂中，学生可以根据自身情况自主规划学习步调，无须追逐那些步调较快的学生，从而实现了分层次学习的目标。在面对学生遇到的困难和疑惑时，教师不仅能够提供有针对性的指导，还能根据学生的不同情况布置不同的任务，从而真正实现了个性化学习，达到了培优补差、因材施教的目的。

2. 有助于推进素质教育

我国目前推行的素质教育，旨在全面提升全体学生的基本素养，尊重学生的独特个性，注重培养其创新思维和自主学习能力。学生在学习过程中，能够根据自身的步调得到个性化的指导，从而彰显了他们作为主体的地位。在课堂上，学生的自主探究和协作探究活动是主要的教学内容，旨在培养他们的自主学习、探究和创造能力。翻转课堂为教学注入了新的元素，拓展了知识领域，拓宽了学生的视野，对学生的综合素质培养产生了显著的促进作用。翻转课堂注重学生的全方位学习过程，致力于促进学生个体的多元化发展。

3. 有助于教学相长

在翻转课堂中，教师需要谋划一系列具有挑战性、能够激发学生兴趣的问题，以确保教学效果最大化；需要制作一段思路清晰、质量卓越的微视频，为学生提供一系列丰富多彩、引人入胜的学习资源，为他们提供有针对性的指导，同时对他们进行深入分析；为了提高学生的学习效果，教师需要开展一项多元化的学习评估。因此，采用翻转课堂教学形式不仅是对教师技能的一种挑战，更是一种能够促进教师之间交流、共同进步的有效手段。

4. 有助于实现教育的信息化

信息技术的渗透，使得学习过程跨越了时空的限制，实现了跨越式的发展。在传统的课堂教学中，由于时间限制，教师只能向学生提供最精简、最实用的学习资源，以满足他们的学习需求。而在翻转课堂中，教师可以利用网络环境为学生提供多样化、内容丰富的学习资源，特别是教学视频的应用，从而实现翻转课堂的目标，同时也让学生能够进行个性化、分层次的学习。信息技术的广泛应用填补了时间和空间的限制，为师生之间和学生之间的互动提供了随时随地的可能性。此外，网络环境为教师提供了一个及时了解学生学习情况的机会，并且采用翻转课堂的方式可以有效提升教师和学生的信息技术素养，从而增强他们运用现代教育技术的能力。

（六）翻转课堂在高校体育教学应用中的重要性

通过采用翻转课堂教学模式，可以有效地实现体育教学目标，从而提高教学效率。在翻转课堂教学模式中，高校体育教师可以采用多种形式，包括但不限于说课、研讨、交流讨论等，深入探讨学校体育学和体育教学论的课程资源建设、教材编写、教学方法的应用等具体问题，以提升学校体育学、体育教学论课程建设水平，不断提高体育专业人才培养质量，为实现"全民健康"目标提供智力和人力支持。为了实现翻转课堂教学模式，教师需要掌握全面系统的体育教学理论和技能实践，运用最先进的教学理念和方法，引导学生进行探究式学习和自主式学习，以不断提升学生的动手动脑能力和信息化水平。

二、翻转课堂教学模式的理论基础

翻转课堂教学与传统课堂教学有着很大区别，其教学手段、内容与形式具有创新性和挑战性，因此若想充分有效应用翻转课堂教学，就必须要了解这种全新教学模式背后的理论基础，只有遵循这些理论指导，在教学中才能做到有的放矢，才能有效提升教学效果。

（一）元认知理论

美国心理学家弗拉维尔（Flavell）提出了元认知理论，这一理论主要研究和讨论的是对个体的认知活动的知识、行为和体验所进行调控的过程，即人类对认知的自我认知。从学生这一角度来解释，元认知主要是指学生对自身的学习活动所产生的自我意识，以及进行的自我评价、自我调节和自我监控。基于这一认知理论，学生能够对自身学习形成有效的自我调控，并培养良好的自主学习能力、自主创新意识以及良好的学习习惯，促进学生自主学习效果的有效改善和提升。

在翻转课堂教学中，学生需要在课前自主决定学习时间、地点、频率、工具，以进行基础知识的自主学习；需要在自主学习中思考通过何种手段和条件来实现自主学习、高效学习；需要在学习过程中对自身学习过程进行合理监控；需要对自身学习结果进行全面、理性的评价；等等。这些过程实际上都属于学生元认知的范畴，这种元认知的作用贯穿翻转课堂教学始终，对翻转课堂教学产生重要的推进和促进作用。

（二）支架理论

支架原是建筑行业的一个元素概念，一般是指为建筑提供暂时性支撑的柱子，即"脚手架"。在学习层面的支架理论中，支架是指为学生提供一定的学习帮助，并在学生具备一定的自主解决问题的能力后撤去帮助。支架式教学策略基于支架理论，旨在为学生建构知识意义提供相应的概念框架，以促进其认知能力的发展。

在教学活动中，支架式教学策略根据对象和主体的不同主要分为两大类，即教学支架和学习支架。教学支架立足于教师视角，强调支架有助于教师顺利实施教学过程；学习支架立足于学生视角，强调支架有助于学生自我知识的意义建构。在教学过程中，支架作为一种静态理论，其使用方式却是动态的，为了解决这个问题，需要使用多个不同难度和形式的辅助支架，并科学地控制支架使用频率的变化和最终消失，以实现学生的有效自主学习。

在翻转教学课堂中，学生的学习支架概念往往来自教师，但也可能来自同伴，甚至是学习材料设计和组织的管理员，这些不同的角色个体为学生的自主学习提供支持，促进学生有效地吸收知识、高效学习，培养出优秀的自主学习意识和独立解决问题的能力。

（三）最近发展区理论

最近发展区理论指出，个体在独立分析和解决问题方面的实际水平与其潜在水平之间存在着一定的差距。学生的实际发展水平指的是他们目前所具备的独立解决问题的能力，而潜在发展水平则是指他们在现有水平的基础上，通过特定的外部条件来完成任务的机能水平。因此，当前的发展区理论主要探讨的是一种潜在的功能区域，它超越了个体现有水平，成为个体能力发展的最大潜力。

在翻转课堂教学中，学生在课前主要接受基本概念的学习和相关的有针对性的训练，这些学习和训练的知识层次仍处于学生实际发展水平之内，只要付出正常的学习努力，就能够达到预期的效果。课堂学习活动所包含的内容必然具有一定的复杂性，超出了学生的实际认知水平，因此只有通过教师的指导、资料的辅助以及同伴的协作，学生才能有效地完成学习任务，这部分内容正是学生潜在发展水平的体现。因为发展区理论的强调，学生需要接受一定的基础知识学习，通过积极的学习活动来加强和提升知识，从而实现对知识的深入理解和掌握。

（四）建构主义理论

建构主义理论认为，学习是一种内在的心理表征过程，学生基于自身的知识和经验，主动与外部世界建立联系，获取知识并构建新的知识，强调打破被动性、机械性和固化的知识记忆教学。在建构主义教学中，教师应当以学生为中心，为学生提供自主学习的素材，并通过以问题为核心的驱动教学方式，鼓励学生通过有效的自主学习和协作学习，实现对新知识的意义建构。

在翻转课堂教学中，学生在课前知识传授环节拥有学习的自主权和决定权，而教师则负责搜寻和组织相关的学习资料和素材，以问题为核心，学生则根据已有的学习经验来学习新的内容；在课堂学习的过程中，教师引导学生参与相关的学习活动，以促进学生对新知识的掌握和巩固，并为他们提供个性化的支持和帮助。通过以上两个阶段的学习，学生已经基本掌握了对新知识进行意义建构的技能。

（五）自主学习理论

自主学习理论，即学生拥有学习的自主权，自主决定学习内容、行为、方式、路径，自行监控、评价学习的过程和结果，体现个体学习活动的相对自律性、自立性和自为性。学习终究需要依靠学生自己去完成，学生应当对自身学习起到高度负责和监管的作用，应当自行决定自己的学习过程、方法和进度。

在翻转课堂教学中，课前知识传授与课堂知识内化等两大环节都强调学生的自主权，学生应当根据自身基础特征、水平和兴趣需求自行选择学习方式、策略和路径，真正成为学习的主人。

（六）协作学习理论

在特定的教学目标指导下，采用小组协作的方式进行学习，这是协作学习理论的核心思想。协作学习能够有效激发学生的学习积极性、能动性，帮助学生培养良好的集体意识和合作精神。

在翻转课堂教学中，学生在动态协作学习小组中互相交流、互相学习，协同完成新知识的建构，并在教师的指导下共同攻克难题。通过协作学习，学生的团队合作意识得到了加强，这有助于培养和提高他们的自主思考和学习能力。

（七）掌握学习理论

掌握学习理论是翻转课堂教学法的基石。在20世纪60年代，美国教育家本杰明·布鲁姆（Benjamin Bloom）首次提出了掌握学习法的想法，他对学生学习能力呈正态分布的观点提出了反对，他不认为只有极少数学生才能取得优异成绩。布鲁姆指出，部分学生的学业表现不佳，原因在于教师未能为学生提供最适宜的辅导方案。在传统的课堂教学中，仅有约三分之一的学生得到了教师的积极鼓励和关注，而大多数学习成绩不佳的学生并非由于智力下降，而是由于在学习过程中，错误不断积累，却未得到及时、合理的帮助。对于那些在考试中获得95分的学生而言，仍有5分的知识是他们所不熟悉的。随着所学知识的不断积累，学生所面临的困惑也随之不断加深。学生在学习过程中的学习速度不同是造成差异的主要原因。布鲁姆的学习理论指出，只要学生有充足的时间，他们的学习成绩将呈现出非正态分布的趋势，大多数学生都能够熟练掌握学习任务，并取得优异的成绩。

布鲁姆的研究表明，群体教学方法与一对一个别教学方法等效，通过掌握学习法，学生可以更好地掌握所学知识。教师将教材内容分解为一系列较小的学习单元，并设计单元教学目标，按照学习顺序组织起来；群体学习是学生共同参与的学习活动；在进行新课的授课之前，教师必须对学生所掌握的基础知识进行全面而深入的了解；根据形成性评价结果，对未达标的学生进行补偿性矫正学习，给予群体学习中速度较慢的学生额外的学习时间，以促进其学习能力的提升；对学生的掌握情况进行进一步的形成性评估，以确保其全面掌握。

借助信息技术的支持，翻转课堂的引入为个性化辅导的实现提供了更为便捷的途径，从而使得学习的掌握变得更加真实。在翻转课堂中，借助视频课程，学生得以真正自主规划和掌控学习进程，自主掌握观看视频的节奏，掌握的内容能够快速进入或跳过，未掌握的内容则会倒退并反复观看，同时也可以暂停思考或做笔记。随着时间的推移，课堂上的指导和互动变得更加精准和贴近人性。此外，翻转课堂为学生提供了频繁的反馈和个性化的纠正帮助，通过形成性检测方法揭示了学生学习中的问题，并通过纠正辅导达到了掌握知识的目的。

（八）混合学习理论

在教育领域，混合学习延续了网络学习的传统，成为备受关注的新话题。对于混合学习，李克东教授认为"混合学习是人们对网络学习进行反思后，出现在教育领域，尤其是教育技术领域较为流行的一个术语，其主要思想是把面对面教学和在线学习两种学习模式进行有机整合，以达到降低成本，提高效益的一种教学方式"[1]。何克抗教授将混合学习更简单地概述为："混合式学习就是要把传统学

---

[1] 李克东，赵建华. 混合学习的原理与应用模式[J]. 电化教育研究，2004（7）：1-6.

习方式的优势同网络化学习的优势结合起来"[①]。教师在引导、启发和监控教学过程中扮演着主导角色，同时也充分展现了学生作为学习主体的主动性、积极性和创造性。将这两种学习方式相互融合，可以实现它们的优势互补，从而达到最优的学习效果。

综合考虑，混合学习涵盖了学习理论、学习资源、学习环境以及学习方式等多个方面的交叉融合。在混合学习中，教师不仅扮演着主导角色，同时也体现了学生作为主体的地位；将网络学习资源与传统教学资源相互融合，实现了一种全新的教学模式；通过以学生为中心的视角，引导他们在课前自主选择最适合自己的步调观看教学视频，并积极参与网络学习，以实现知识的有效传递；在课堂中，当学生遭遇问题时，他们会主动寻求老师或同伴的协助，在老师的指导下，通过同伴之间的协作解决问题，从而实现知识的内化。因为翻转课堂将传统面授和网络学习相结合，所以它能够充分发挥面对面教学和在线学习的优势，通过创新的技术和微视频学习活动，提高学习效果。

三、翻转课堂经典模式

（一）杰姬·格斯丁模式

杰姬·格斯丁（Jackie Gerstein）的翻转课堂教学模式是包括一组基于体验式学习周期的学习活动。

1. 体验式参与

体验式参与实质上就是一个体验式训练，其主要内容包括体验式学习活动、实验、模拟、游戏和艺术活动等。这一阶段的任务在于引领学生参与真实的活动，激发学生的热情、积极性和好奇心，在活动设计上应当努力营造身临其境之感，使学生能够将探索内容与个人经验有效联系在一起，实现有意义的知识建构过程。体验式参与通常以小组形式进行。

2. 概念摸索

在概念摸索阶段，学生会接触到体验式阶段中所涉及的一些概念知识。本阶

[①] 何克抗．从 Blending Learning 看教育技术理论的新发展（上）[J]．电化教育研究，2004（3）：1-6.

段的学习内容主要通过文本、视频以及网站等形式呈现给学生,学生自主决定学习方式和学习时间,对视频、网站内容等提出疑问。

3. 有意义建构

有意义建构,即对概念探索阶段的学习内容进行反思。在这一阶段中,学生通过视频、音频等方式建构或表达自己的看法和理解,进行独立思考,从而促进知识内化。

4. 演示与应用

演示与应用,即学生对自己所学内容进行实际演示,并通过某种方式对其加以应用,使所学内容具有意义。这一阶段通常是采用小组协作、面对面形式开展。

(二)罗伯特·塔伯特模式

罗伯特·塔伯特(Robert Talabert)的翻转课堂结构模型,如图 3-3-1 所示。

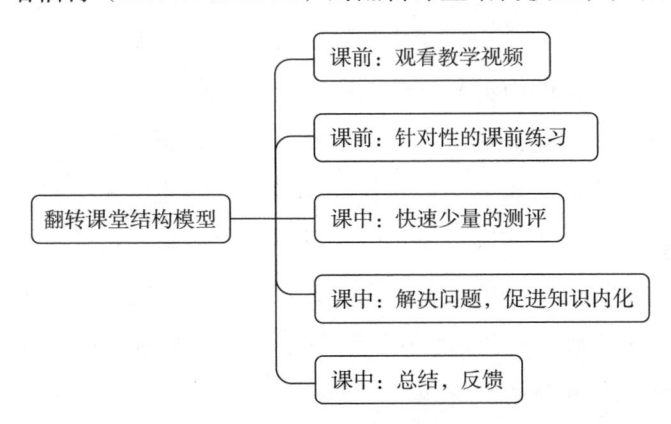

翻转课堂结构模型
- 课前:观看教学视频
- 课前:针对性的课前练习
- 课中:快速少量的测评
- 课中:解决问题,促进知识内化
- 课中:总结,反馈

图 3-3-1 罗伯特·塔伯特的翻转课堂结构模型

罗伯特·塔伯特的翻转课堂结构模型主要描述了课前与课中两个流程部分。其中,课前任务为基础概念理解以及导向性训练,教师不再进行"长篇大论",而是首先进行小测试,然后解决学生提出的问题,促进学生知识的内化吸收。

四、高校体育翻转课堂教学模式可行性分析

传统的教学模式会对高校体育整体性起到教学阻碍作用,应用翻转课堂这一新型模式,能够在发挥教学模式优势的基础上,实现高校体育教学事业的进步,

同时，还会不同限度地强化学生体育素质。由此可见，本书探究翻转课堂可行性对高校体育发展具有重要意义。

（一）高校体育翻转课堂的主要特征

1. 体育教师引领课堂

在大学体育翻转课堂中，体育教师扮演着引领学生在整个学习过程中不断进步的重要角色。教师需要引导学生掌握正确的运动方法和技术要领。在确保与培养目标无冲突的前提下，通过课前体育视频的示范和讲解，学生可以明确地获取到重点内容，而这些内容则源自师生之间的互动交流。体育课程实则为一门训练课程，而教师则扮演着引导者的角色，为不同的受众提供相应的指导，完成一个单元的训练后，教师需对学生的掌握情况进行评估，以进一步完善课堂活动的设计。

2. 大学生是翻转课堂的中心

在翻转课堂教学模式下，大学生扮演着课堂中的主要角色。一方面，学生可以在课前观看相关动作的演示和解释，通过反复观看或学习其他资源的课程信息，自主确定学习进度，以达到更好的学习效果。另一方面，在课堂上，大学生与教师和同学进行知识交流，可以确定关键和方向进行体能训练，同时结合不同体育动机的差异，以满足个人实际需求。除了学生高度参与的过程，实际的课堂练习环节也是学生能够部分掌握的过程。例如，在与熟悉的同学合作练习或选择适合自己的练习方式和训练难度的过程中，可以进行精心的筛选和权衡。

3. 课堂时间延长并且效率增加

大学体育翻转课堂的最显著特点在于，它极大地压缩了授课时间，为学生提供了更多的训练机会。在科学直观的视频资料中，学生得以自主掌握技术要领的理论认知，从而将过去在课堂上所讲授的内容迁移至课前。因此，学生得以在课堂上有更加充裕的时间进行实际训练，而教师则通过课前的互动交流和有针对性的指导，进一步提升了训练效率。除此之外，教师还能通过观看视频来观察学生的动作情况。大学生则可以通过第一时间接受教师的反馈，及时了解自身的长处和短处，从而调整学习状态。通过翻转课堂，不仅可以延长练习时间，同时也能够提高练习效率，充分的体能训练时间和高效的学习过程，从根本上实现了"教与练"的双重目标。

（二）高校体育教学采用翻转课堂模式的优势

翻转课堂作为新型教学方式的一种，它能够借助网络优势进行课件教学、作业下发、作业检查、师生互动、教学评价、体育视频播放，并且学生还能借此对体育理论旧知温习、体育新知预习，它能够打破以往体育学习的时间限制和空间制约。从中可知，高校体育教学应用这一模式能够实现教学质量优化、教学效率提升。

在体育教学中应用这一模式，即在21世纪体育教学中引导学生自学，之后教师针对教材内容进行知识点传授。它能调动学生学习体育的主动性，促使学生养成良好的体育学习习惯，学生学习体育的自信心和热情也能及时增强。学生在掌握丰富知识的基础上，会主动配合教师组织的各项体育活动，这对师生关系增进具有积极意义。

五、高校体育实际教学中的翻转课堂教学模式

随着我国高等教育体育教学的不断革新，传统的授课方式已无法满足当代体育教育的需求，同时也无法满足社会对人才的迫切需求。在现代教学中，对于我国高校体育教学而言，改革和创新教学模式是至关重要的一步。现代社会的发展需求促使新型的教学模式必须具备示范技术动作和讲解理论知识的双重功能。为了打造一种全新的体育教学范式，我们必须引入翻转课堂的教学方式。通过运用计算机等现代科技手段，改变原有的学习环境，使得学生在课前观看教学视频，课后能够进行知识的消化和理解。在课堂上，师生可以通过互动交流的方式，共同探讨教学问题，以达到教学效果的最大化。不仅能够促进教师与学生之间的互动，同时也能够为学生提供更加全面、系统的理论知识学习机会。翻转课堂为学生提供了更广阔的学习、发挥和想象空间，同时也为现代体育教学探索了一条全新的道路。

（一）翻转课堂教学模式在高校体育教学中的具体实施

翻转课堂教学有利于激发学生的学习主动性和积极性，培养和提升学生的团队协作意识与探究学习能力，弥补传统课堂教学模式下时空的不足，强化知识和技能的融合与内化，显著提升高校体育教学质量与效果。

高校体育翻转课堂教学通常包括几个模块,即课前学习资源制作准备—学生自主学习—课中知识内化—课后总结评价。每一个模块都尤为重要,教师应有效引导学生参与每一个模块的学习训练,构建以学生为中心的高校体育教学模式。

1.课前教学资源准备阶段

教学目标是教学活动开展的实施方向和预期成果,是指引教师教学行为的航向标。课前,教师首先应当根据教学计划、教学大纲审慎确定教学目标,基于清晰、明确的教学目标采取一系列的教学措施,以保障翻转课堂教学正常实施。而课堂教学目标的确定应当体现发展性,即目标应当以保障教学的实效性为前提,在教学中对教学目标进行具体调整和修改,以动态性发展教学目标促进课前、课中、课后三个环节有效联通、互相协调。其次,教师应当基于已明确的教学目标确定好教学内容与知识点。教师应当根据学生的认知特点和发展需求恰当选择教学素材,并根据教学内容的结构特点对其进行合理加工和组织,以使其更加适应于翻转课堂教学需要。

应根据具体的教学目标进一步细化子目标,并对每一个子目标设置相应的学习内容和任务,采取信息技术手段将体育教学中的各知识技能要点整理设计成PPT演示文稿,辅之以比赛录像视频、Flash动画图解等手段进行内容整理和编辑,制作完整生动的教学视频录像,并按照教学步骤和程序制作成学习资源传到网上。除了自制教学资源,教师也可以从相关比赛视频、网络公开课等一些网络资源中获取教学素材,进行适当的加工处理,以充实教学内容,使学生更深入了解学习内容。要注意,视频制作必须充分考虑时间要素,要合理划分每一个单元内容,力求简明扼要、规范全面、由浅入深、由易到难,视频内容与教学目标、教学内容要一致,确保时间利用效率,以使学生高效掌握和理解知识,实现教学效果的最优化。

翻转课堂强调学生的自主性、积极性,需要学生自己发现问题、解决问题,主动进行课前新知识学习。首先,学生应当接收和下载教师已制作完成的学习资源包,从中了解教学目标、任务和内容。自行在课前学习本次课堂教学的技术动作和理论知识内容,以形成一个初步、大概的理解和认知,再观看相关视频录像进行对比分析,以形成正确的概念和印象,为课中实践打下坚实基础。其次,在课前自主学习过程中,学生应当主动探索、发现和解决问题,通过查阅资料等方法解决自己能够解决的问题，同时记录好自己解决不了的疑难问题，到课中问询老师或同学。要注意的是，课前自主学习阶段由于缺乏教师的指导和检查，学生的技术动作可能会出现差错，如果不及时纠正就会形成错误的动力定型，不利于之后的学习发展，因此学生的自主训练应当适当，应尽可能在充分观看和认真理解教学视频动作示范的前提下，以小组或结伴的形式进行动作训练及检查指导，形成正确的动作定式。

2. 课中知识和技能的融合与内化阶段

在课中教学过程中，教师指导教学并回答学生提出的疑问，学生通过具体的身体训练形成运动技能，有效内化知识。在课堂上，教师首先应阐明本次课堂学习的任务，收集学生的问题，并对问题进行分类，组织学生小组进行交流讨论，引导学生通过探究式方法自主、合作解决问题，培养和提升合作学习、主动探究的能力。对于其中难度较大的，普遍反映难以解决的问题，教师应当给予一定的提示指导，帮助学生形成正确的思维和良好的解决问题的能力。在解决好学生的疑难问题后，教师应根据学生的水平和特征展开分层的针对性教学，对学生中普遍存在的动作技术错误进行总结、讲解和纠正。此外，教师应当组织学生个人进行示范指导、讲解，使学生会做、会教，透彻了解动作知识技能。

在翻转课堂的课中教学中，应尤其强调学生间的讨论以及师生间的互动，应当通过探究式方法解决问题并引导学生主动参与讨论交流，互相纠错、团结协作增强课堂的互动性。在分组讨论和训练后，应每组选取代表反馈结果和问题，教师进行总结评价，集中解决学生问题，这不仅能有力培养学生的纠错能力、探究能力及观察能力，同时还有利于建设新型的师生互动关系，使学生能够在和谐、平等、自由的学习环境中有效实现技能形成、知识内化。

3. 课后反馈、评价、巩固提高阶段

课堂结束后，教师应当对学生课中的学习态度、训练效果、错误动作进行总结、评价，根据存在的问题对整体教学方案进行思考和修改，通过网络平台收集学生对教学的感悟、主动性、掌握度等信息，创造协作学习的环境和空间，形成一个有效的师生互动途径，确保师生之间的沟通和反馈，有效解决教学中存在的问题，实现教学效果的最优化。

（二）翻转课堂教学模式在高校体育教学中的应用质效

在多所高等学府中，翻转课堂已经得到了广泛的反馈，学生纷纷表达了自己的喜爱之情，同时也表达了他们对于这种教学方式所激发的学习热情的感受。根据调查结果，有 83.5% 的学习者对翻转课堂教学模式表现出了浓厚的兴趣，他们认为这种教学模式的卓越之处在于运用了现代多媒体技术，激发了他们的学习热情，并期待着能够欣赏到更加精彩的视频和课件。78.6% 的学生认为翻转课堂教学模式可以增强学生的学习能动性和正确的学习动机，并且可以使每个学生都能参与和互动。70% 的体育教师说，这种教学模式既能让教师明显地感受到学生的学习主动性，又能降低教师由于传统教学过程烦琐而产生的疲劳感。

翻转课堂教学模式颠覆了传统的体育教学范式，开创了一种全新、高效的教育方式，从而实现了教学的规范化和标准化。学生的学习思想得到了统一，这一举措为他们的学习之路注入了新的活力。拉近了师生之间的情感纽带，使得整个学习过程变得轻松愉悦，充满乐趣。这一套教学模式以课前、课中、课后三个教学板块为纽带，将一系列教学内容有机地融合在一起，从而实现了教学内容的无缝衔接和整体性。翻转课堂教学模式被誉为一项对课堂教学产生深远影响的重大技术变革，然而，要将其真正融入千万高校，让每一个学生都能从中获益，还需要教师和学者的通力合作。

第四章 现代高校体育科学训练理论

在现代体育训练和比赛中,教练员在对运动员进行训练时,不应仅仅依赖于经验式教学训练,而应更加注重训练的创新性和科学性。本章旨在初探科学训练的重要性及其必要性。

第一节 高校体育科学训练的基础

一、运动训练的范围

运动员通过系统、集中的训练以完成特定的目标。训练的目的是提高运动员的竞技能力,从而提升运动成绩。训练是一项系统工程,会涉及生理学、心理学及社会学等诸多变量。在此期间,训练要遵循循序渐进、区别对待等基本原则。在整个训练过程中,运动员的生理和心理素质得以塑造,从而满足一些严格的任务要求。

不管是初学者还是职业运动员,至关重要的一点是制定切实可行的训练目标。训练目标要根据个人能力、心理特征和社会环境来设计。有些运动员是为了赢得比赛或提高成绩,有些运动员则是追求获得运动技能或进一步提高生物动作能力。不论目标如何,都应尽可能地精确及可测量。不论是短期计划还是长期计划,在训练开始之前就应设定好,并且明确实现目标过程的具体细节。而完成这些目标的最终时刻,往往是一次重大的比赛。

二、运动训练的目标

训练是运动员为了达到最佳竞技状态的准备过程。通过制订系统的训练计划,可使教练员的训练工作更有效率,而设计训练计划需要借鉴各门学科的知识,如图 4-1-1 所示。

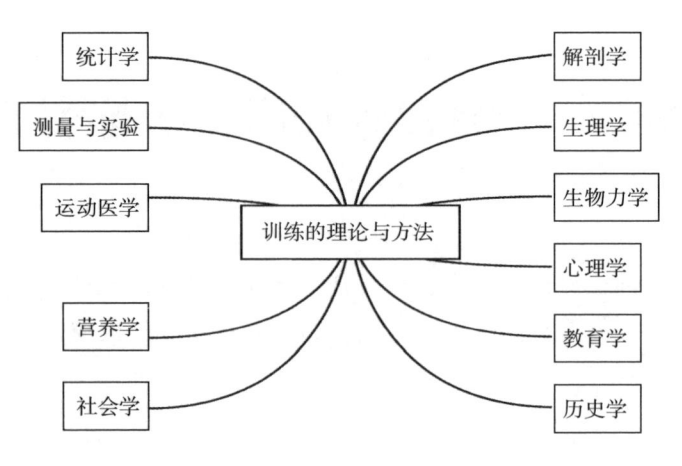

图 4-1-1　支持学科

训练过程是以发展专项特征为目标，这些特征与完成不同的训练任务紧密相关，包括全面身体发展、专项身体发展、技术能力、战术能力、心理因素、健康管理、伤病预防以及相关理论知识。要想获得上述能力，需要根据运动员的年龄、经验和天赋，运用个性化、适宜的方法和手段。

（一）全面身体发展

全面身体发展也称为一般身体素质，是所有体育运动训练的基础。一般身体素质发展的目的是改善基本的身体能力，如耐力、力量、速度、柔韧性和协调性。运动员全面身体发展的基础越扎实，就越能经受住专项训练，最终可能发挥出更大的运动潜力。

（二）专项身体发展

专项身体发展也称为专项身体素质，是为了发展专项运动所需要的生理或身体素质特征。这种训练类型是为了实现运动的一些特定需要，如力量、技能、耐力、速度和柔韧性。不过，许多运动项目需要各种关键运动能力的组合，如速度 – 力量、力量 – 耐力或速度 – 耐力。

（三）技术能力

这种训练强调以发展技术能力为核心，技术能力是获得体育运动项目成功所必需的条件。提高技术能力是以全面和专项身体发展为基础的，例如完成体操十字支撑动作的能力，要受到生物动作能力中力量因素的制约。针对发展技术能力训练的最终目的在于完善技术动作，优化专项运动技能，专项运动技能是展现最佳竞技状态所必需的。发展技术能力应当在正常和特殊状况（如天气、噪声等）下进行，并且始终要围绕完善运动项目所必需的专项技能而进行。

（四）战术能力

发展战术能力对于训练过程也是极为重要的。战术能力训练的目的是完善比赛策略，该项训练要以竞争对手的战术研究为基础。具体来讲，这种训练的目的是利用运动员的技术和身体能力来制定比赛战术，增加比赛获胜的概率。

（五）心理素质

心理准备也是确保发挥最佳体能所必需的要素。有些专家也称之为个性发展训练。不管称谓如何，发展心理素质（如自制力、勇气、毅力和自信）对于成功展现运动能力是必不可少的。

（六）健康保养

运动员的整个健康状况应当引起相关人员的充分重视。健康保养可以通过定期健康检查和适当的训练安排来实现，其中适当的训练安排包括将大量艰苦训练和阶段性的休息恢复搭配进行。必须特别注意伤病和疾病，在训练过程中应给予重点考虑。

（七）伤病预防

预防损伤的最佳方式是确保运动员已经提高了身体能力，形成了参加严格训练和比赛所必需的生理特性，并确保进行适量训练。安排不当的训练包括负荷过大，这将会增加受伤的风险。对于年轻运动员来说，以全面发展身体为目标是极为重要的，因为这样可以提高生物动作能力从而有助于降低受伤的可能性。此外，疲劳控制也尤为重要，越是疲劳，发生受伤的概率就越大。因此，应当充分重视，并制订一个控制疲劳的训练计划。

（八）理论知识

应当在训练过程中充实运动员有关训练、计划、营养和能量再生等方面的生理学和心理学知识。运动员理解进行某种训练活动的原因非常重要，教练员可以针对各项训练计划的目标进行讨论或要求运动员参加关于训练的座谈会议来达到这一目的。让运动员具备关于训练过程和运动项目理论的知识可以提高运动员决策能力以及增加其对训练过程的关注，这样可以让教练员和运动员更好地制定出训练目标。

三、运动训练系统

系统是一种将各种观点、理论或假设以恰当的方式组合在一起的组织形式。一个系统的演进必须建立在对科学成果和实践经验的深入研究和不断积累的基础上。尽管一个系统在独立之前可能会与其他系统相互依存，但其移植不应被视为一成不变的。此外，在构建一个更为完善的系统时，必须充分考虑到当前社会和文化背景的实际情况。

（一）确定系统的构成要素

构成要素是训练系统发展的核心，这可以从训练理论和方法的有关基本知识、科学成果、本国优秀教练员的经验积累以及其他国家的前车之鉴中提炼和总结。

（二）梳理系统的组织结构

确定了决定训练系统成功与否的核心要素后，就可以建立现实的训练系统了，而短期的和长期的训练模式也应当随之建立。该系统应当能为所有教练员共享，但也应当保持足够的灵活性，以便教练员能够根据他们自身的经验进行下一步的丰富与完善。

体育科研工作者对于建立训练系统起着十分重要的作用。体育科学研究，尤其是应用领域的研究所提供的成果，丰富了训练系统赖以不断发展和完善的知识基础。此外，体育科研工作者的工作还有益于完善运动员的监测计划和选材计划、建立训练理论以及完善疲劳和压力处理方法等。尽管体育科学对于训练系统的重要性是显而易见的，但这门分支科学并未在全世界受到足够的重视。例如，斯通（Stone）认为体育科学在美国的应用出现下降趋势，这在某种程度上解释了近些年奥林匹克运动会上美国运动员的运动成绩下降的原因。

（三）检验系统的效能或功用

一旦启动训练系统，就应当经常对其进行评估。训练系统有效性的评估可通过多种方式进行。验证训练系统效果的最简单的评估方法是该系统是否为运动员带来了实际运动成绩的提高，也可使用更为复杂的评估方法，包括对生理适应的直接测量，如荷尔蒙或细胞信号传导的适应。此外，力学评估方法可用于定量地测定训练系统的工作效率，如对最大无氧功率、最大有氧功率、最大力量以及力量增长率峰值进行评估。体育科研工作者在此领域中起着极为重要的作用，他们运用自己的专业知识来评价运动员，并对训练系统效率的提升提出独到的见解。如果训练系统并非最佳，那么训练团队可以重新进行评价并进一步改进系统。

总体来说，训练系统的质量依赖于直接和支持因素（图 4-1-2）。直接因素包括那些与训练和评价相关的因素，而支持因素与管理水平、经济条件、专业化能力和生活方式相关。每一个因素对于整个训练系统的成功都发挥着重要作用，但直接因素的作用更为重要。直接因素的重要性进一步强调了这一观点：体育科研工作者为高质量训练系统的发展和完善做出了重大贡献。

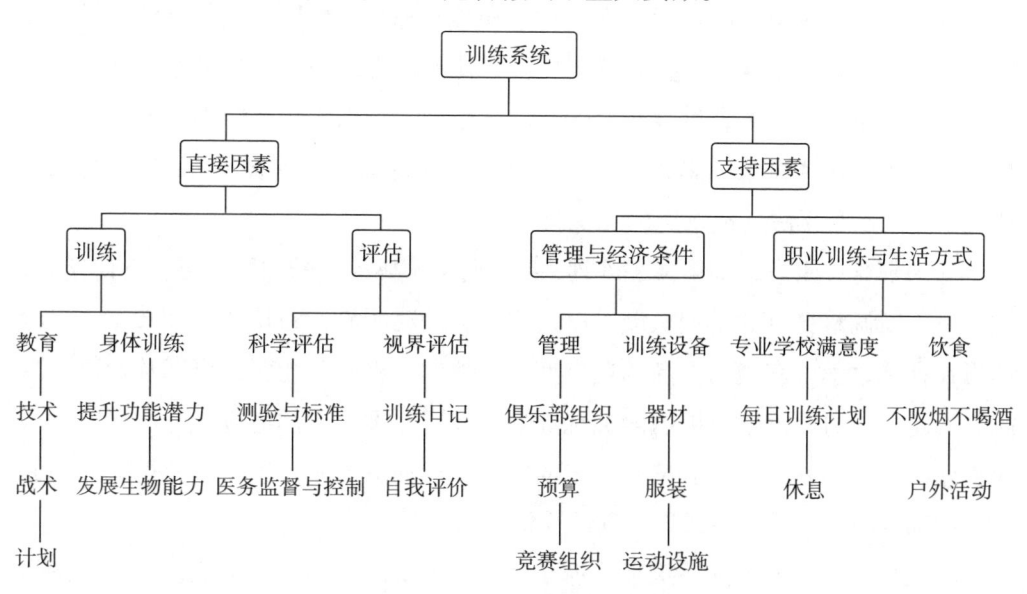

图 4-1-2 训练系统的组织构成

达到最佳竞技状态的必要条件之一，是建立一个高品质的训练系统。教练员并非唯一决定训练质量的因素，训练质量是多种因素相互作用的结果，这些因素会对运动员的训练成绩产生影响，如图 4-1-3 所示。因此，为了满足当代体育运动不断变化发展的需求，必须对所有可能影响训练质量的因素进行有效的实施和持续的评估，并在必要时进行调整。

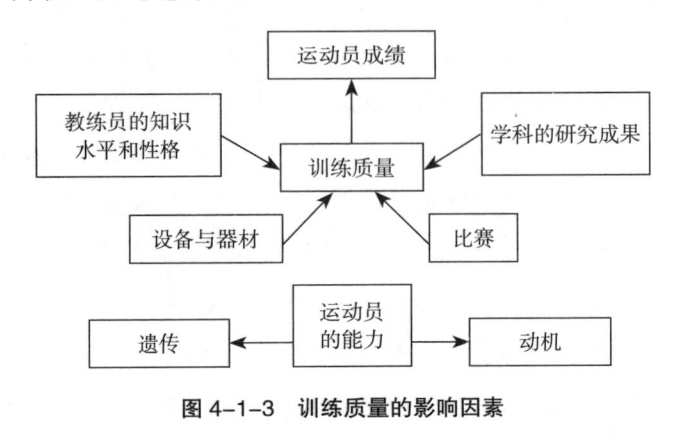

图 4-1-3 训练质量的影响因素

四、运动训练的适应

训练是一个有组织的过程，它使身体和心理都在不断地接受各种负荷量和强度的刺激。运动员适应和调整训练与比赛负荷的能力，同生物物种适应其所生存的环境一样重要——适者生存，对于运动员来说，如果无法适应不断变化的训练负荷与训练及比赛带来的刺激，将会导致疲劳、训练过量甚至过度训练。在这种情况下，运动员无法完成既定的训练目标。

高水平竞技能力是多年精心筹划、系统而富于挑战性的训练结果。在此期间，运动员不断调整自身的生理机能，以适应专项运动所需的独特技能和知识。当运动员在训练过程中表现出更高的适应度时，他们将更有可能释放出卓越的运动潜能。因此，任何经过精心组织的训练计划，都旨在推动个体适应能力的提升，从而有效提高运动表现。只有按照一定的顺序，运动员才能在运动中获得更高的成绩：增加刺激（负荷）—适应—训练成绩提高。

如果负荷总是处于同一水平，那么适应在训练的早期就会出现，随之而来的是一个再没有任何进步的高原期（停滞期），如图 4-1-4 所示。

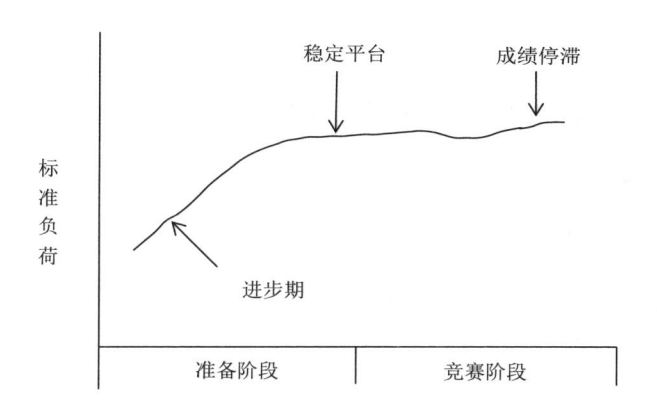

图 4-1-4 训练计划早期的标准负荷

如果刺激不足则训练效果不明显，如果刺激过度或刺激过于繁杂，运动员将无法适应，发生适应不良现象：过度刺激—不适应—运动成绩降低。

因此，训练的目标在于逐步、系统地提高训练刺激的强度、负荷量和频率，以达到更高的适应性，从而提高运动表现。运动员在适应训练计划时，需要对训练要素进行调整，以达到最大化的训练刺激效果，如图 4-1-5 所示。

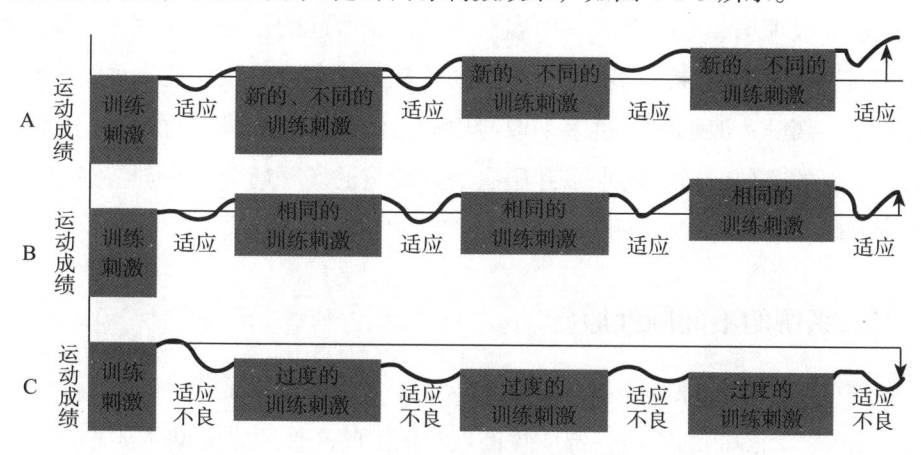

图 4-1-5 训练刺激和适应

通过增加训练刺激、调整运动负荷可以使身体不断适应更高的运动水平，最终促使训练成绩提高。如果训练刺激不足，运动员的能力长期处于稳定平台，最终会使训练效果得不到明显的提高。如果对运动员刺激过度，运动员无法很好地适应，就会导致运动员的成绩下降。

第二节 高校体育科学训练的原则

运动训练的科学性水平在很大程度上体现在遵循客观规律的训练原则上，这一原则反映了运动训练过程中的客观规律；若违反训练原则，则意味着违背了训练过程中的客观规律，从而使训练失去了科学性。在训练实践中，运动训练原则扮演着至关重要的角色，其指导作用主要体现在此方面。所以，为了实现科学化训练，必须遵循运动训练的基本原则，而这些原则的贯彻则是科学化训练最为重要的体现之一。

一、一般训练与专项训练相结合的原则

结合一般训练和专项训练的原则在于，在运动训练过程中，必须根据不同运动项目的特点、运动员的水平以及不同训练时间和阶段的任务，恰当地分配两者的训练比例。

虽然一般训练和专项训练在内容、手段以及所起的作用方面存在差异，但它们的共同目标在于提升运动员的专项运动表现。对青少年运动员来说，在训练的基础阶段，离开一般训练，过多采取专项训练的内容和手段，对今后的发展是不利的，重要的是如何按不同水平和层次的运动员的实际情况，在训练过程的不同时期和阶段，恰当地安排好一般训练与专项训练两者的比重。

二、系统的不间断性原则

系统的不间断性原则是指从初期训练到出现优异运动成绩，以及保持和继续提高，直至运动寿命的终结，都应贯彻系统的不间断性原则的基本要求。

三、周期性原则

运动训练过程的周期一般分为：多年训练周期（4~8年）、训练大周期（0.5~1年）、中周期（4~8周）、小周期（4~10天），以及训练课（1.5~4小时）这几种不同类型的训练周期，并以此制订各种训练计划。

每个训练周期都是由准备期、竞赛期和休整期三个相互紧密衔接的时期所组成的。而每个时期都有其各自的主要任务、内容、负荷的安排、手段和方法。

就运动项目的特点而言，各运动项目对运动员机体能力有不同的要求，而且赛季的安排也不尽相同，如体能类的耐力性项目，准备性训练和比赛都要消耗巨大的体能，并且需要恢复的时间相对较长，因而全年大周期就相对较少；而一些技能类表现性项目和对抗性项目，尤其是球类，相对来说竞赛安排较多，赛季也长，全年训练大周期就多一些，多采用多周期（如双周期）制，或者竞赛期安排的时间较长。此外，冬季运动项目，如滑雪、滑冰等，受季节的影响，一般也只安排1~2个大周期。

在现代运动训练中，有的项目的优秀运动员在年度中参加重大比赛的次数较多，并要求多次创造优异运动成绩，因此有的研究提出多周期的安排，但这在优秀运动员的训练中是需要通过进一步实践和科学研究加以探讨的。

四、区别对待原则

区别对待原则是指在运动训练过程中，要根据运动员的个人特点，有针对性地确定训练任务，选择方法、手段和安排运动负荷。区别对待原则中所指的个人特点，包括运动员的年龄、性别、文化水平、身体条件，承担负荷的能力、技术、战术水平和心理素质等各个方面；确定训练任务，包括从训练课直到全年或多年训练期望达到的目标和具体任务。

第三节　高校体育科学训练的要素

一、训练量

训练量是训练的主要组成部分之一，因为它是实现高水平技术、战术和身体素质的先决条件。训练量有时被错误地认为仅仅是指训练的持续时间，但实际上它包含以下部分：

第一，训练时间或持续训练的时间。

第二，行进的总距离或抗阻训练的总重量（训练负荷 = 组数 × 重复次数 × 重量）。

第三，运动员在规定时间内完成一项练习或技术动作的重复次数。

训练量的定义可以简单理解为：训练中完成活动的总量。训练量也可以被看作一次训练课或一个训练阶段完成训练的总量。训练总量必须是量化的指标，具有可监控性。

训练量的准确计算因运动项目或活动类型而异。在耐力运动项目中（如跑步、自行车、皮划艇、越野滑雪及赛艇运动），训练量的单位是由训练经过的距离来确定的；而在举重或抗阻训练中，则采用千克或吨位制（训练负荷 = 组数 × 重复次数 × 重量）作为训练量的单位，这是因为仅考虑重复次数不能合理地评价运动员完成的训练任务。重复次数也可以用来推算运动员的训练量，如快速伸缩复合式训练或棒球、田径等运动中的投掷动作。几乎所有的运动都会包含时间要素，但训练量的正确表达形式应该囊括时间和距离两个要素（如60分钟跑12千米）。

训练量的计算方法按照时间要素可以划分为以下两种。第一种是相对训练量，指一次训练课或训练阶段中一组运动员或运动队训练时间的总数。相对训练量不适用于计算单个运动员的训练量，因为无法得知单位时间内某一名运动员的训练量。另一种更好的衡量单个运动员训练量的方式是绝对训练量，它是指运动员个体在单位时间内完成训练任务的总量。

在运动员的职业生涯中，要不断增加训练量。随着运动员训练时间的增多，训练量的增加是运动员产生生理适应并提高运动成绩的前提。将初学者与高水平运动员进行比较后会明显发现，高水平运动员能承受更大的训练量。随着时间的推移，训练量的增加对从事有氧运动、力量与功率项目、团队项目的运动员的发展具有重要的作用。同样，还需要增加技术和战术技能的训练，因为提高运动成绩需要进行大量的重复练习。

增加运动员训练量的方法有许多，以下是3种常见的有效方法：

①增加训练的密度（训练的频率）。

②增加训练的负荷。

③同时增加训练的密度和负荷。

研究人员表示，只要不引起过度训练，在训练中尽可能多地增加训练次数非常重要。另一些研究人员明确表示，训练频率越高，越能产生更大的训练适应效果。增加每天训练课的次数同样有益于运动员的生理性适应。对于优秀运动员来说，每周进行6~12节训练课，每个训练日又包含多节训练小课是很常见的。运动员的恢复能力是制订训练计划中运动量大小的主要决定因素。它决定了在训练计划中制订多少训练量。高水平运动员之所以能承受大的运动量，是因为他们能够更快地从训练负荷中恢复过来。

二、训练强度

训练强度是对运动员完成高质量训练的另一个重要训练因素。可米（Komi）将训练强度定义为与功率输出（能量消耗或单位时间做的功）、对抗力量或发展速度有关的训练要素。根据这个定义，运动员在单位时间内做功越多，训练强度则越大。强度是神经肌肉激活的函数，训练强度越大（如更大的功率输出，更大的外部负荷）则需要更多的神经肌肉被激活。神经肌肉激活模式取决于以下四个要素：外部负荷、运动速度、疲劳程度及所从事的训练类型。另一个要考虑的因素是训练时的心理紧张程度。就训练的心理方面而言，哪怕是出现低水平的身体紧张，也会造成训练强度极大提高，导致注意力的分散和心理压力的产生。

训练强度的量化方式根据训练类型和运动项目而定。速度训练通常用米/秒、次/分或功率输出（瓦特）来进行量化评定。在抗阻训练中，训练强度一般以千克为单位、克服重力每米举起的重量（千克/米）或功率输出（瓦特）来量化。在团队项目中，训练强度通常用平均心率、无氧阈心率或最大心率的百分比来进行量化评定。

在年度训练计划的各个不同阶段中应包括不同的训练强度，特别是在小周期阶段。可以采用多种方法来量化和确定训练强度。例如，抗阻练习或高速度练习的训练强度可用最佳运动成绩的百分比来量化。这种方法认为最佳成绩意味着最大运动强度。再比如，一名运动员在10秒内完成100米冲刺，其速度则是10米/秒。如果这名运动员能以更快的速度跑完更短的距离（如10.2米/秒），其训练强度则被认为是超最大强度的，因为它已经超越了100%的最快速度（表4-3-1）。

表 4-3-1 速度力量练习的强度等级

训练强度等级区	最大运动能力百分比	强度
6	>100	超大
5	90~100	最大
4	80~90	大
3	70~80	中等
2	50~70	低
1	<50	非常低

在表 4-3-1 显示的强度分级中，用大于最大负荷的 105 % 的阻力负荷完成的训练很有可能是等长运动或离心运动，因此这种训练强度被视为超最大强度。在耐力训练中（如 5 000 米~10 000 米），运动员可以用更快的速度跑完稍短的距离，因此可以使训练强度达到实际比赛中平均速度的 125 %。

运动员通过高强度训练虽然能取得很大的进步，但产生的适应较不稳定。稳定性越低，越容易产生过度训练和运动成绩的"稳定平台"现象。相反，低强度的训练负荷会使进步缓慢且生理适应的刺激较小，但整个过程却更稳定。训练计划应该系统地改变训练量及训练强度以达到最佳生理适应。

训练强度可划分为两种类型：绝对训练强度，是指完成训练所需的最大百分比；相对训练强度，是用来量化一节训练课或一个小周期的训练强度，即训练期完成的训练量总和及绝对训练强度。

三、训练密度

训练密度是单位时间内运动员接受训练课的频率，且训练密度可表现出单位时间内训练与恢复的关系，因此训练密度越大，训练阶段内的恢复时间就越少。随着训练密度的增加，运动员或教练员必须建立训练与休息的平衡，从而避免引起过度疲劳或力竭。

量化多次训练课（如在一个训练日或小周期）所需的最佳时间量非常困难，因为许多因素会影响运动员的恢复速度。在下一次训练课开始之前，本次训练课的训练强度和训练量对确定所需的时间量起主要作用。训练课的负荷（训练强度量）越大，所需的恢复时间就越长。此外，运动员的训练状况、实际年龄、使用的营养干预及恢复干预都会影响到运动员的恢复能力。在下一次训练开始之前，不需要从上一次中完全恢复，一般通过增加训练密度，并在训练日或小周期中运用不同负荷的训练课来促进恢复。

在耐力训练或间隔训练中，通常有两种安排"训练—休息"间隔的适宜方法：①固定的训练—恢复比率；②恢复的持续时间，能使心率恢复到预设的最大心率百分比。

（一）固定的训练—恢复比率

部分研究人员在研究间隔训练时运用了这一方法，通过控制训练—休息的间隔，教练员和运动员能够制订出发展特定生物能量适应的训练计划。用1∶1或2∶1的训练—休息比率来发展耐力项目的特征，而用1∶12或1∶20的训练—休息比率来发展力量和功率性项目的特征。

（二）预设心率

决定恢复期时间长短的另一种方法是，在下一次训练时确定必须达到的心率。方法一，为下一次训练的开始设定心率范围（120～130次/分）；方法二，设定恢复时间，即运动员的心率恢复到最大值的65%所需的时间。

可以通过量化相对训练密度来算出一次训练课的训练密度，公式为：相对密度＝绝对训练量×100/相对训练量。

绝对训练量是运动员个体的做功总量，而相对训练量是一次训练课的做功总时间（持续时间）。假设绝对训练量是102分钟，相对训练量是120分钟，则训练课的相对密度为：相对密度＝102×100/120＝85%。

计算出的百分比表示运动员有85%的时间在训练。相对密度虽然对运动员与教练员有一定的价值，但训练的绝对密度更加重要。绝对密度是运动员完成的有效训练与绝对训练量的比。绝对密度或有效训练可以用绝对训练量减去休息时间量来计算。具体计算公式为：绝对密度＝（绝对训练量－休息时间量）×100/绝对训练量。

假设休息时间量是26分钟，绝对训练量是102分钟，则绝对密度可计算为：绝对密度＝（102－26）×100/102＝74.5%。

上述计算表明训练的绝对密度是74.5%。因为训练密度是强度的要素之一，所以这个绝对密度属于中等训练强度（表 4-3-2）。确定训练的相对密度与绝对密度有助于建立高效的训练课。

表 4-3-2　训练与休息间隔和专项能量

目标能量系统	平均训练时间（秒）	训练休息比
磷酸原系统	5～10	1:12—1:20
快速糖酵解	15～30	1:3—1:5
快速糖酵解、慢速糖酵解及有氧代谢混合	60～180	1:3—1:4
氧化代谢	>180	2:1—1:3

四、复杂性

复杂性指一项技能的完善程度及生物力学难度。在训练时，技术越复杂就越会增加训练强度。与掌握基本技能相比，学习一项复杂的技能可能需要更多的训练，尤其当运动员神经肌肉协调性差或在学习技能的过程中精力不完全集中时。让之前没有复杂技术训练经历的一群人参加该项训练，可以迅速地分辨出哪些运动员表现好，哪些运动员表现差。因此，运动或技能越复杂，运动员的个体差异与力学效率差别就越大。

即使以前已经学会了的复杂技术，也会产生生理上的压力。例如，艾尼赛尔（Eniseler）对足球运动员的研究表明，完成战术训练比完成技术训练的心率和乳酸堆积要高。在该项研究中，训练课的技术部分集中在没有对手的情况下进行技术练习。而在战术训练中，对手的存在显著地增加了训练的复杂性，因此心率和乳酸堆积也会增加。此外，在进行模拟比赛时，也会出现上述反应，但只有在实际的比赛中才会产生最大心率及达到最高乳酸水平。鉴于此，教练员在技术复杂性较高的训练或活动中应考虑到不同训练课的生理压力。

五、总体需求指数

训练量、训练强度、训练密度及复杂性都会影响训练中运动员的总需求。虽然这些因素相辅相成，但加强其中任何一种因素而其他因素不进行相应的调整，都可能增加运动员的需求。比如，在发展高强度耐力时，如果教练员要求运动员保持同样的运动强度，则应增加训练量。在增加训练量时，教练员必须考虑怎样增加训练量才会影响训练强度。

训练计划和指导主要依赖于训练量、训练强度和训练密度三者的合理安排。教练员必须着重分析这些要素的变化曲线，尤其是训练量和训练强度。还应考虑到运动员的适应反应、训练阶段以及比赛的时间安排（赛程表）。训练要素的科学搭配可以让运动员在预计的时间达到最佳的训练效果，并获得最佳竞技能力。

一项训练计划的总需求可以用训练的总需求指数（Index of Dissmilarity，IOD）来计算，而 IOD 可以通过以下公式来计算：总需求指数 =OI × AD × AV/10 000。

OI：总强度 / 总强度。AD：绝对密度。AV：绝对训练量。

例如，假设 OI（总训练强度）是 63.8%，AD（绝对训练密度）是 74.5%，AV（绝对训练量）是 102 分钟，代入方程即得出 IOD：总需求指数 =63.8% × 74.5% × 102/10 000=48.5。

在这个例子中，训练的总需求指数很低，略低于 50%。

训练量是实施训练计划成功与否的一个关键要素。身体、技术与战术训练的整合要进行大量的工作，这些工作是刺激生理性适应，提高运动能力所必需的。教练员必须针对运动员的特点设置个性化的训练负荷，因为每一名运动员对训练量、训练强度和训练密度的承受能力都不尽相同。

在过去的时间里，训练负荷不断增加。运动员在一天中要参加多次训练课，在一个小周期内训练的时间也逐渐增加。在运动员的运动生涯中，必须渐进地增加训练量、训练强度和训练密度。如果这些要素急剧增加可能导致过度训练。因此，必须要遵循区别对待原则和循序渐进原则。

为了确定训练计划的有效性，教练员一定要监测训练负荷和运动成绩测试的结果。教练员要计算出训练课的密度或战术和技术训练中要练习的技术的复杂性在训练负荷中所占的比例。教练员要对增加训练量和训练强度的因素进行监测，并将它们与休息及恢复有机协调起来。教练员还应考虑促进身体恢复的方法和能量再生所需要的时间。

第五章　现代高校体育科学训练方法

随着高校体育教学改革的不断深入，高校体育教学理论的研究和探索日益活跃，高校体育科学训练方法的著作也不断涌现，这是高校体育教学理论研究和高校体育教学理论教材建设蓬勃发展的景象，同时也是体育教育学科日益走向科学化的象征。本章对于球类运动项目、田径运动项目、塑身运动项目的科学化训练问题分别进行了分析、研究。

第一节　球类运动的科学训练方法

一、球类运动基本理论

（一）什么是球类运动

球类运动是体育运动的一类，它是篮球、排球、足球、乒乓球、羽毛球、网球等运动项目的总称。球类运动是一项综合性体育运动，要求参加者不仅具有良好的跑、跳、投等基本运动能力，而且要熟练掌握并运用各项球类的专门技术和战术。

（二）球类运动的特点

对于球类运动而言，通常有以下几个特点。

1. 球类运动的趣味性

球类运动，顾名思义，其练习活动的开展需要对"球"这一器材进行使用，这使球类运动的趣味性与吸引力得到了增强。

2. 球类运动的观赏性

在球类运动的高水平比赛中，存在着激烈的、紧张的、异彩纷呈的、高潮迭起的氛围。而人们关注的焦点不仅是球队的整体战略技术，还可以是球类运动员高水平的技能与技巧。因此，球类运动比赛能够给人带来艺术的享受与体验。

3.球类运动的锻炼性

众所周知，生命的主要意义在于运动。如果在球类运动参与的过程中，使用科学的锻炼方法，不仅能够增强练习者的身体素质，还能够促进练习者的身体健康。

4.球类运动的广泛性

由于球类运动自身具有显著的特点，一直以来都受到人们的广泛追捧。随着体育运动的不断发展，人们逐渐加深了对体育健身的思想观念认识，很多球类运动已经成为全球化的体育运动项目，如足球运动项目，被人们称作世界第一运动。由于球类运动不限制参与者的年龄，不管少年或老人都能参与，所以球类运动在人们生活中扮演的角色也越来越重要。

二、大球运动科学化训练

（一）足球运动基本技术

1.传球

（1）脚内侧踢球技术

足球运动项目的练习者在传球开始之前，应该进行直线助跑，在最后一步的时候，跨步要大。当支撑脚跨步向前进行支撑的时候，练习者的脚掌应该同地面之间保持一定的距离，同时保证落地支撑的积极、快速。当练习者的支撑脚落地的时候，先落地的应该是脚后跟，通过滚动式向前到全脚掌支撑过渡。此外，练习者需要注意的是，应该适当弯曲支撑腿的膝关节，以保持身体重心的稳定。

（2）脚背内侧踢球技术

斜线助跑，助跑方向与出球方向约成45°角，助跑最后一步要大一些，一般应保持在本人跨一大步的距离较好。支撑脚落地时以脚跟及脚掌的外侧沿先着地，然后过渡到全脚掌。支撑脚脚尖指向出球方向，膝关节微屈支撑身体重心，上体略向支撑脚一侧倾斜并稍侧转体（支撑脚一侧的肩部稍向前，踢球脚一侧肩稍向后）。支撑脚与球的位置以支撑脚脚尖与球的前沿保持平齐较好，左右距离以支撑脚的右侧沿与球的外侧沿保持15~20 cm较好（不同骨盆宽度的人可以适当调整支撑脚与球的左右距离，但一般不要超过 25 cm）。在支撑脚着地的同时踢球腿以髋关节为轴，大腿带动小腿由后向前摆动（大小腿折叠要紧），当踢球腿膝关节摆至球的内侧垂直上方时，小腿做爆发式前摆（大小腿突然打开）并稍向外侧转，脚尖指向斜下方，脚背绷直，以脚背内侧部位踢球的正中后部（踢高球时，可踢球的中下部）。踢球后身体重心随踢球腿的前摆向前移动。

（3）脚背正面踢球技术

直线助跑，最后一步要大一些，呈跨步，支撑脚要积极跨步落地，以脚后跟先着地形成滚动式着地支撑。支撑脚的内侧沿与球的外侧沿距离在 10～15 cm，一般不应超过 20 cm。前后距离以支撑脚的脚尖与球的前沿保持平齐为好，过前或过后都会影响踢球的效果。在支撑脚落地支撑的同时，踢球腿大腿带动小腿（大小腿折叠要紧）由后向前摆，当膝关节摆到球的垂直上方前的瞬间，大腿制动减速而小腿爆发式突然加速前摆，以脚背正向部位踢球的正中后部位。踢球后自然向前跟出保持身体重心的平稳。

（4）脚背外侧踢球技术

踢平直球时，助跑、支撑位置与姿势、踢球腿的摆动基本与脚背正面踢球动作相同，只是用脚背外侧踢球。在踢球腿的膝关节摆到球的垂直上方前的瞬间，小腿做爆发式前摆，与此同时，脚尖向内转并向下指（踝关节内收并内旋），脚背绷紧，脚趾扣紧，以脚背外侧部位触击球的正中后部。踢球后身体随球向前自然移动，保持身体平衡。

2. 接球

本书此处关于足球运动接球技术的说明，主要以脚背正面接空中球技术为例。

一种方法是支撑腿屈膝稳定支撑身体重心，支撑位置一般在球的侧后方。接球腿屈膝抬脚踝关节保持适当紧张，以脚背正面正对来球，在球下落触到脚背前的瞬间接球，脚向下回撤，将球在下撤过程中接在已控制范围之内和下一个动作需要衔接的位置上，并快速完成下一个连接动作。

另一种方法是接球脚基本不向上抬起，而是脚背向上勾起，踝关节保持中度紧张，在接近地面高度 5～10 cm 处触球，通过球下落的冲击力将勾起的接球脚背砸下去从而缓冲球的力量，将球接控在自己下一个动作需要控制的范围之内，并快速完成下一个连接动作。

3. 运球

（1）脚内侧运球技术

在足球运动的运球技术中，最慢的一种就是脚内侧运球。所谓的脚内侧运球，主要是指在需要练习者身体对球进行掩护的一些死角区域或者边线附近使用的运球方法。为了使对方队员不能抢走球，练习者应该通过侧身转体的姿势将对方的防守队员挤靠住。一般来讲，"之"字形的运球路线就是通过脚内侧来完成的。

练习者在脚内侧运球的过程中，应稍微向前跨出支撑脚，在球的前侧方踏住，弯曲膝关节，前倾上体，做出侧身运球的状态，即向运球脚的一侧转体，提起运球脚，使用脚内侧部位对球的后中部进行推拨（图5-1-1）。

图 5-1-1　脚内侧运球

（2）脚背内侧运球技术

足球运动项目练习者在跑动的过程中，需要自然放松自己的身体，减小步幅，前倾上体，同时微微朝着运球的方向转动。练习者提起运球脚的时候，要稍微弯曲膝关节，提起脚跟，稍微向外转脚尖，在迈步向前的时候通过脚背内侧向前推拨球。在改变球的方向的时候，常常会使用脚背内侧运球技术。通常来讲，运球的过程中经常会走出"之"字形路线（图5-1-2）。

图 5-1-2　脚背内侧运球

（3）脚背正面运球技术

足球运动项目练习者在跑动的过程中，需要自然放松自己的身体，减小步幅，前倾上体。当练习者提起运球脚的时候，要弯曲膝关节，提起脚后跟，脚尖稍微向下指，在迈步向前的时候通过脚背正面部位对球的后中部向前推拨（图5-1-3）。

图 5-1-3　脚背正面运球

（二）篮球运动基本技术

1. 移动

（1）起动

篮球运动项目开展过程中的起动，主要是指在球场中练习的一种动作，即从静止状态向运动状态转变，同时，起动也能够作为一种方法，获得位移初速度。

在篮球运动项目开展过程中，起动的动作要领在于在动作开始前降低重心，前倾上体，双侧手臂的肘部弯曲，在体侧自然垂直，后脚或者异侧脚的前脚掌的踏的动作要用力，伴随手臂快速摆动的动作进行起动。

起动中比较容易出现的错误是没有及时地移动重心，后脚的前脚掌或者是异侧脚没有做出充分等距的动作，存在较大的步幅。

纠正篮球运动中起动的常见错误的有效方法是：踏地时快速用力，前倾上体前突然地摆动手臂起动，最开始的两步或者三步应该快速且步幅小。

（2）跑

在篮球运动项目开展的过程中，跑作为一种脚步动作，目的在于争取时间促进攻守任务的完成。一般来讲，在篮球运动项目的比赛活动中，主要有以下几种常见形式的跑。

①变向跑。如果方向是由右边向左边改变的时候，最后一步应该通过右脚的前脚掌内侧作用力蹬地的动作，同时还要稍微内扣脚尖，屈膝迅速，之后向左转腰部，向左前方前倾上体；移动重心，向左前方跨出左脚，之后再快速地前进。

②变速跑。在篮球运动项目开展的过程中，跑动时通过改变速度来促进攻守任务完成的方法就是变速跑。练习者从慢跑向快跑转变的时候，前倾上体，短促有力地用前脚掌向后蹬地，同时摆动手臂要迅速，使跑的频率加快。当练习者从快速跑向慢速跑转变的时候，需要抬起上体，加大步幅，用前脚掌同地面接触，使冲力得到减缓，进而使练习者跑步的速度降低

③后退跑。在篮球运动项目开展的过程中，当练习者做后退跑动作的时候需要交替地使用双脚的前脚掌踏地且向后跑动，同时，还要挺直、放松上体，双侧手臂的肘部弯曲，同摆动相配合，使身体保持平衡，两只眼睛环视，对场上的情况进行观察。

④侧身跑。在篮球运动项目中，侧身跑的关键在于当练习者跑向前方的时候，脚尖对准跑动的方向，同时将头部与上体向着球所在的方向转动，以便于对场上的情况进行观察。

（3）滑步

在篮球运动项目的防守移动中使用频率比较高的一种步法就是滑步。滑步对练习者保持身体平衡是非常有利的，它能使身体向任何一个方向移动。对滑步而言，一般可以将其分成三种类别，即前滑步、后滑步、侧滑步，其中侧滑步也就是横滑步。

（4）急停

急停是队员在运动中突然停止的一种脚步动作，分跳步急停和跨步急停两种。

①跳步急停。在篮球运动项目的慢速移动与中速移动中，练习者的起跳可能会使用单脚，也可能会使用双脚，同时会稍微向后仰上体，两只脚要同时落向地面，在双脚落地的时候保持两腿膝盖的弯曲状态，且双手手臂肘部弯曲，向外张开，使身体保持平衡。

②跨步急停。在篮球运动项目开展的过程中，如果快速移动的时候练习者需要急停，那么就需要跨一大步向前，后仰上体，后移重心，一定要用脚跟先落地，然后向全脚掌抵住地面过渡，快速的弯曲膝盖。当双脚落地以后，稍微向内转脚

尖，通过前脚掌内侧做出蹬地动作，弯曲双腿的膝盖，使上体向侧方向稍微转动，同时向前微倾，在双脚之间保持重心，双侧手臂的肘部弯曲，自然打开，使身体保持平衡。

（5）转身

转身作为一种篮球运动项目中的脚步动作，是以练习者的一只脚作为中轴，同时用另外一只脚用力踏地，旋转身体，进而使练习者的身体方向得到改变。在转身动作完成的过程中，身体重心向中枢脚转移，将脚提起，前脚作为中轴，用力向下碾地的同时，移动脚步使劲蹬地，随着移动脚的转动，上体也要转动。需要注意的是，身体重心不能上下起伏，其转动需要沿着一个水平面。当练习者的转身动作完成以后，应使自身身体保持平衡，以促进同下一个动作之间的衔接。

通常来讲，我们会将转身分成两种，即前转身与后转身。所谓的前转身，主要指的是移动脚跨步转向中枢脚前方，进而使练习者的身体方向得到改变；而所谓的后转身，主要指的是移动脚撤步转向中枢脚，进而使练习者的身体方向得到改变。

2.传（接）球

在篮球运动项目中，比较重要的基本进攻技术之一就是传（接）球技术。通常经过多次及时、准确地传（接）球才能够实现一次成功的进攻（图5-1-4）。

图 5-1-4　过头传球

（1）双手胸前传球

在比赛中，双手胸前的传球是一种最基本、最常用的传球方式，其传出的球具有快速而有力的特点，可以在不同的方向和距离中灵活运用，同时也方便了与投篮、突破等动作的结合。使用双手持球的技巧是将双手手指自然分离，拇指形成一个"八"字形的相对关系，然后使用指根以上的部位来持球，手心空出。如图 5-1-5 所示。

图 5-1-5 双手持球方法

（2）单手肩上传球

在单手传球的技巧中，单手肩上传球被认为是最为基础的一种。这类传球具有强大的力量和快速的速度，广泛应用于中、远距离的传球。

3. 投篮

投篮是进攻队员为将球投向球篮而采用的各种专门动作的总称。

（1）原地单手肩上投篮

它是现代篮球比赛中应用比较广泛的一种投篮方法。

（2）行进间单手肩上投篮

它是在比赛中切入篮下的一种投篮方法。

（3）行进间单手低手投篮

行进间单手低手投篮是在快速跑动中超越或在空中探身超越对手后的一种投篮方法。

（4）急停跳起单手肩上投篮

急停跳起单手肩上投篮是一种具有突然性的投篮方法。球的出手点高，不易被防守。

动作要领（以右手投篮为例）：快速向篮下运动，突然利用跳步或跨步急停起跳，同时两手持球上举，当身体达到或接近最高点时，右臂向前上方伸直，手腕前屈，用食指和中指拨球，通过指端将球投出（图 5-1-6）。

图 5-1-6　单手肩上投篮

4. 运球

运球是进攻技术中重要的基本技术，是组织全队进攻和突破防守的手段（图5-1-7）。

图 5-1-7　运球

5. 防守技术

防守技术指的是防守队员以巧妙的步伐和手臂动作为手段，积极地占领有利位置，干扰和破坏对手的进攻行为，并以争夺控球权为目的的一系列行动。为了实现上述目标，必须在防守时采取积极主动、认真负责的态度，综合地联系脚步移动、位置站法、手臂动作、防守姿势，以及抢断、打断球技术等多项内容。

6. 抢篮板球

在篮球运动项目开展的过程中，双方攻守时的争夺焦点就是篮板球，同时，它也直接决定了攻守的转换，可以说球权获得的主要途径就是对篮板球的抢夺。在所有的篮球运动项目比赛活动中，投篮命中率与抢夺篮板球次数相比较，后者比前者更加容易影响到比赛的最终输赢。因此，在现代篮球运动中，争夺主动、获得控制球权的主要根据就是篮板球的争夺，这也展示了个人的实力与全队的实力。如果能抢到进攻篮板球，就能够增加进攻次数和篮下得分，提升队员的信心；抢防守篮板球，不仅能控制球权，创造更多的快攻反击机会，而且会对进攻队员造成巨大的心理压力，进而影响投篮命中率。教练员一般都很重视对队员抢篮板球能力的训练和提高。

（三）排球运动基本技术

1. 准备姿势和移动

排球运动项目中的最基本的技术就是准备姿势和移动。上述的两项内容都是无球技术的展示，能够作为重要的基础与前提，促进各项有球技术的完成，如传球技术、发球技术、点球技术、扣球技术与拦网技术等，同时，还能够作为纽带，串联各种有球技术运动。在排球运动项目中，准备姿势和移动之间存在着一种相辅相成的关系，前者的目的是实现快速移动，因此为了实现快速移动，必须先做好充分的准备姿势。

（1）半蹲准备姿势

在排球运动项目中，最为基本的一种准备姿势，也是比较常见的准备姿势就是半蹲准备姿势，它要求练习者两腿的膝盖微微弯曲，双脚抵地。

（2）移动

在排球运动项目中，移动的意义在于及时接好球，同时将人和球之间的位置关系保持好，为击球动作做好准备。比较常见的有以下几种步法。

①交叉步。在排球运动项目开展的过程中，交叉步移动的基础和条件是来球同练习者的体侧存在三米左右的距离。交叉步移动具有步幅大、动作快的显著特点。

如果使用向右侧交叉步的时候，需要稍微向右倾上体，在右脚前面，左脚交叉迈出一步，之后右脚向右边跨出一大步，同时使身体向来球方向转动，并保持击球之前的姿势。

②并步与滑步。在排球运动项目开展的过程中，如果练习者身体同球之间的距离是一步左右的话，那么就能够使用并步移动。在移动过程中，如移动向前，前脚应跨出一步向来球方向，后脚蹬地跟上。如果来球同练习者之间的距离较远的时候，仅仅使用并步是不能接近球的，这时可以使用快速的连续并步。连续并步也被称作滑步。

移动包含的步法不只有交叉步、并步、滑步，还有跨步、跑步、跨跳步等。

2. 发球

在排球运动项目开展的过程中，所谓的发球主要是指在发球区域，练习者将自己抛起来的球用一只手向对方场区直接击入的动作。作为排球运动项目的一种基本技术，发球也作为一种重要的进攻性技术广泛地运用于排球比赛。随着排球运动的不断发展，也促进了其发球技术的持续创新与提高。

（1）正面下手发球

动作要领：在面对球网时，需将双脚向前后张开，左脚置于前方，双膝微微弯曲，上体向前倾斜，重心偏向右脚，同时左手持球于腹部前方。发球时把球抛到体前右边，距手 20 cm 左右。在抛球之前，右臂伸直，然后以肩部为轴心向后摆动。在进行击球时，以右脚踏地的姿势，身体的重心随着右手向前摆动而移动到前脚上，然后在腹前以手掌击球的后下方进行。手触球时，手指手腕紧张，手呈勺状。击球后，迅速进入场地。如图 5-1-8 所示。

图 5-1-8　正面下手发球

（2）侧面下手发球

动作要领：将左肩朝向球网，双脚左右张开，使其宽度与肩膀相等。膝盖微微弯曲，身体向前倾斜，重心落在双脚之间，左手握着球在腹部前方。发球时左手将球平稳地抛到胸前，离自己的身体大约有一臂的距离，离自己的手大约 30 cm。在抛球的同时，右臂向右侧后下方摆动，随后以右脚踏地向左转体的力量推动右臂向前上方摆动，最终在腹前用全掌击球的右下方完成。如图 5-1-9 所示。

图 5-1-9　侧面下手发球

（3）正面上手发飘球

动作要领：击球前的动作与正面上手发球相同，只是抛球稍低、不旋转。挥臂时由后向前做直线加速挥摆，用掌根或半握拳击球的后下部，用力要突然、短促，使作用力通过球体中心，使球在飞行中不旋转并产生飘晃。击球后手臂做出突停、下拖、突停回收或平砍等动作，可以发出不同性能的飘球。

3. 传球

在排球技术中，传球是一种通过手指手腕的弹击，将球精准地传递到指定目标的高超击球技巧。在排球运动中，传球是一项至关重要的技术，它是组织进攻战术的基石。

（1）正面传球

动作要领：在传球过程中，拇指、食指和中指承担球的压力，而其他手指则通过触球两侧的方式来协助控制球的运动。在球触手的瞬间，手指和手腕应当保持一定的紧绷状态，利用其弹力和伸臂与脚踏地的协调力量传球（图 5-1-10）。

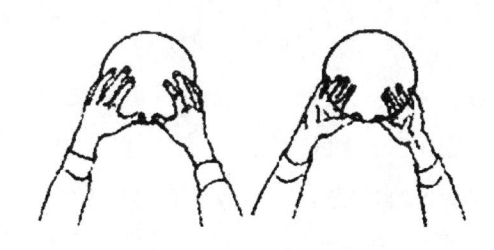

图 5-1-10　正面传球

(2)侧向传球

动作要领：身体不转动，主要靠双臂向侧方伸展的传球动作叫侧传。侧传有一定的隐蔽性。准备姿势和迎球动作与正面传球相同，击球点保持在脸前或稍偏于出球方向一侧，同时需要注意一侧手臂的高度相对较低，而另一侧手臂则相对较高。在施力时，应将上半身向出球的方向倾斜，以使其与地面保持一定距离。双臂向传出一侧用力伸展，异侧手臂的动作幅度较大，且伸展速度较快（图5-1-11）。

图 5-1-11　侧向传球

(3)跳起传球

动作要领：跳起在空中传球叫跳传。跳传在当前的排球比赛中已被大量运用，有的优秀运动员甚至把跳传作为主要的传球方式，这是因为跳传的击球点较高，能有效地缩短传扣的时间间隔，保证快速进攻战术的实施。同时，跳传还能够与两次球进攻战术联系在一起，因此具有较大的迷惑性。

无论是原地起跳还是助跑起跳，跳传的起跳动作应当以垂直向上的方式进行，以保持身体的平衡状态。当身体达到巅峰时，以迅猛之势伸展臂膀，同时施加更大的指腕力量，将球传递出去。跳传具有正传、背传和侧传三种传球方式，其手型和击球点与正传、背传、侧传的手型和击球点基本相同。

4. 垫球

垫球，作为排球的基本技术之一，指的是通过手臂或身体其他部位的反制动作，使得来球从垫击面上反弹出去，从而实现击球。

5. 扣球

扣球是一种击球方式，队员在跳起时用一只手或手臂将本方场区上空高于球网上沿的球击入对方场区，从而实现对对手的打击。在排球比赛中，扣球作为一种最为积极、最为有效的进攻手段，不仅是得分的主要方式，还是完成全队战术配合、决定胜负的关键技术。

（1）正面扣球

在排球运动中，最基本的扣球技术是正面扣球，只有掌握正面扣球的基础动作，才能学习和掌握其他难度大的扣球技术。整个正面扣球动作过程如图5-1-12所示。

图 5-1-12 正面扣球

（2）勾手扣球

队员在起跳后，采用左肩对网的方式，通过身体旋转带动右臂向左上方挥动击球。这种扣球方式，适用于那些需要在远网或者后排调整的球。它能够帮助队员扩大击球范围，同时还能填补队员起跳过早或冲到球前起跳的缺陷，从而提高击球效率。

（3）单脚起跳扣球

单脚起跳扣球是指助跑的最后一步以单脚蹬地，另一只脚直接向前上方摆动帮助起跳的一种扣球方法。现代排球中由于大量采用各种冲跳扣球，使得这种扣球方式有了新的发展前景。

6. 拦网

拦网是指在球网附近的队员，将手伸得高于球网上沿，以阻挡对方击过来的球。这是排球的基本技术之一。

（1）单人拦网

动作要领：

①准备姿势。面对球网，两脚左右开立，约与肩同宽，距球网 30～40 cm。两膝稍屈，肘屈置于胸前。

②移动。为了及时对准扣球点，一般情况下采用与网平行的移动，常用的移动步法有并步、滑步、交叉步和跑步。

③起跳。原地起跳时重心降低，两膝弯曲用力，同时两臂在体侧屈肘做划弧线摆动，使身体垂直起跳。起跳的时机应根据对方的扣球变化而有所不同，一般应比扣球队员起跳晚半拍，但拦快球时应与扣球者同时起跳。

④空中击球。拦网时，两臂贴耳垂直，两肩上提，两手距离不能超过球的半径，并要尽量接近球的上空。手指自然张开，手腕略后仰，手指微屈、分开呈勺状，以便包住球。当手触球时，两肩上送，两手要突然紧张，手腕用力下压，盖住球的前上方，将球拦在对方场内。

⑤落地。拦网后要正面对网屈膝，缓冲落地。若未拦到或拦起球在本方时，则应在身体下落时向落球方向转体，便于后撤接应或反攻。

（2）集体拦网

集体拦网有双人拦网和三人拦网两种，集体拦网技术动作除要求具备个人拦网技术要求外，还应注意互相配合。

①集体拦网要确立以谁为主，密切协调配合。

②起跳时应避免互相冲撞或干扰。

③起跳后，手臂在空中既不要互相重叠，又不能间隔太大，以免造成拦击面小而漏球。

④身材高矮不同的队员要加强配合。

⑤身材高、弹跳力强或拦网好的队员，应排到拦网重要的 3 号区域，或对准对方的主攻者。

7.学练方法：以徒手动作为主

①徒手原地模仿拦网动作，体会拦网的伸臂和拦击球动作。

②网前做原地起跳徒手拦网动作。

③网前两人一组，隔网相对，做并步、交叉步等徒手移动拦网。要求移动迅速，两人密切配合。

④两人一组，徒手移动配合拦网。

⑤网前三人站在本方高台上，分别持球在本区上空网上沿，多人在对方网前轮流移动拦网。要求起跳后在空中压腕"盖帽"并触球。

三、小球运动科学化训练

（一）乒乓球运动基本技术

1.握拍法

（1）直握球拍法

直握球拍法常见的有快攻型握拍法、弧圈型握拍法和削攻型握拍法。

①快攻型握拍法。快攻型握拍出手较快，正手攻球快速有力，攻斜线、直线时拍面变化不大，对手不易判断。反手攻球因受身体阻碍，较难掌握，防守时照顾面积较小。其打法因反手大都采用推挡，进攻较弱，反手比较被动，容易出现漏洞。

②弧圈类型握拍法，可分为四种。

A.中式直拍弧圈握拍法。

B.单面攻类型握拍法。

C.日式直握拍法。

D.直板横打型握拍法。

③削攻型握拍法。采用此种握拍方式，需将拇指自然弯曲并紧贴拍柄左侧，第一指关节施加力量下压，而其余四指则自然分离并托住球拍的背面。

（2）基本站位与基本姿势

①基本站位。A.进攻型打法的基本站位：距离球台端线 50 cm 左右。擅长近台进攻的选手，站位可稍近些（如左推右攻打法者站位距球台端线约 40 cm）；擅

长中近台进攻的选手，站位可稍后些（如直拍弧圈打法的站位距球台端线 60 cm，横拍两面拉打法的站位距端线约 65 cm）；擅长正手侧身抢攻的选手，可站在球台偏左侧（如直拍、横拍以侧身抢拉为主的选手，左脚约站在位于球台左边线延长线外约 25 cm 处）；擅长打相持球或反手实力较强的选手，可站于球台中间略偏反手的位置。B. 削攻型打法的基本站位：距球台端线 100～150 cm，多在球台中间略偏反手的位置。进攻能力强的选手，站位可稍近些；以防守为主的选手，站位可稍远些。

（3）步法移动

常用的步法有单步、跨步、跳步、并步、交叉步和侧身步。

①单步：以一脚为轴，另一脚向前、后或左、右移动一步，身体重心落在移动脚上。常在来球距身体近时使用。

②跨步：来球方向的脚先向来球方向跨出一大步，另一脚向同一方向跟着移动一步。常在来球距身体远时使用。

③跳步：以一脚用力蹬地，两脚同时离地向前、后或左、右移动。常在来球较快、角度较大、距身体较远时使用。

④并步：以一脚向来球方向跨一步，另一脚随即跟上来。常在来球距身体稍远时使用。

⑤交叉步：先以来球反方向的脚向来球方向跨出一大步，体前交叉，然后另一脚跟着向来球方向迈出一大步。常在来球距身体很远时使用。

⑥侧身步：一种是对方来球追身，以左脚为轴，右脚向左后移动一步；另一种是对方来球追身偏左方，应以左脚向左迈出一步，然后右脚向左后移动一步。常在来球逼近身体时使用。

（4）发球与接发球技术

在乒乓球比赛中，接发球是一项至关重要的技术，因为它不仅能够为对手提供更多的进攻机会，同时也会引发选手内心的紧张和恐惧，从而导致一系列的失误；相反，若能娴熟地实施接发球，不仅能够直接获得得分，还能够破坏对方的抢攻行为，从而为自身的进攻提供有利的条件。接发球技术常见的有推挡、搓球、削球、抢攻、抢位等。

①正手发左侧上、下旋球。动作要领：当进行左侧上旋球时，手臂自右上方

向左下方挥动，球拍从球的右侧中下部向左侧面摩擦；当正手发出左侧下旋球时，球拍从球的右侧中下部向左下方轻轻摩擦。

②正手发下旋球与不转球。动作要领：在进行下旋球动作时，持拍手需向前下方挥摆，并在击球前将拍面略微平齐，同时在击球时手腕用力摩擦球底。在发不转球的情况下，持拍手向前下方挥摆，击球前的拍面略微垂直，击球时不是摩擦球体，而是将球推到球体的中下部。

③反手发右侧上、下旋球。动作要领：当球被持球手抛起时，应以快速向左后上方引拍的方式，将球拍引至左肘下方外侧，同时手腕适当内屈，拍面向左上方，直至球在高点下降，方可向前击球。完成向前击球的动作，需要进行两个不同的步骤。以左后上方、右前下方为起点，挥摆至第一部分；第二部分为右前上方的挥摆，其方向为右前下。这样，当发现右侧下旋球时，用第一部分动作最后阶段击球，拍面从球的中下部向右侧下摩擦，触球后仍做第二部分动作，也称假动作。此时拍面从球中上部向下摩擦，触球后作第三部分动作。球拍在触球时，会从球的中下部向右上方进行摩擦，以完成击球动作。

④反手发急上旋球。动作要领：发球时，持球手将球向上抛起的同时，持拍手迅速向左后方引拍，球拍稍前倾，腰稍向左转，待球从高点下降到低于球网时，用前臂和手腕发力，击球的中上部，同时，腰从左侧向右侧转动。

⑤接左侧上旋球。动作要领：接左侧上旋球时，球触拍后向自己的右侧上方弹出，因此采用推挡回接时拍面稍前倾并略向左偏斜，击球中上部偏右侧的部位，用力向前推挡，以抵消来球的左侧上旋力。如果对方的球发到你的正手，也可采用攻球技术进行回击，球拍适当下压。

⑥接下旋球。动作要领：在接近网下旋球的过程中，可以运用搓和挑的技巧，以达到更高的技巧水平；当球进入下降期时，引拍的高度略高于一般下旋球，从而延长了球在拍面上的摩擦时间。在进行回接攻球时，需要注意调整拍面前倾的角度，并适度向上施力提拉。

以上只是简单地介绍了几种接发球的方法，若想进一步提高接发球的成功率和质量，还应在长期的训练中认真加以研究，根据自身的特点灵活地组合运用。

应当提出的是，无论采用哪种方法去接旋转发球，都应该有一定的击球速度作为保证，用速度来克制旋转常常是比较有效的方法。在比赛中如果不敢大胆用力回击球，采用将对方的发球被动地"碰"过去，更容易造成回击球失误。

（5）反手推挡球

在我国直拍快攻打法中，推挡技术是一项至关重要的基本技能，其在直拍左推右攻打法中扮演着不可或缺的角色。

推挡技术之所以备受青睐，是因为它能够在短距离内实现快速而灵活的动作，同时还具有多变的特点。

动作要领：在近台站位时，需要将身体的重心保持在双脚之间，以确保身体的平衡和稳定。在进行击球之前，需要将手臂和肘关节向内收，同时将前臂微微向外旋转。在击球的过程中，手臂以较快的速度向前伸展，手腕向外旋转，食指则紧紧压住球，随着来球反弹的上升期向前击球，最终触碰到球的中上部。在击球之后，手臂会继续向前移动一段距离，然后恢复到原始状态（图5-1-13）。

图5-1-13 反手推挡球

（6）搓球技术

搓球是一种类似于削球的动作，通过在近台回击对手下旋来球的击球方式，实现了对对手的精准打击。球的搓揉技艺涵盖了缓慢、迅速、短小和侧向旋转四种技巧。以下是以缓慢搓动球体、快速搓动球体和旋转球体为例的技术介绍。

①慢搓球。动作要领：在近台的站位下，双脚左右展开，站立起来。在进行反手搓球时，需以左上方为基准进行引拍，随后再将拍体略微仰起。在击球时，身体的重心会向前移动，同时前臂会进行向内转动，从上往下挥拍，直到来球的下降期，摩擦球的中下部。

②快搓球。动作要领：在进行反手快搓球的动作时，需要站在近台的位置，以引拍的方式将球移动至身体的左上方。在击球时，上臂以迅猛之势向前伸展，

前臂则由上至前、下施加力量,手腕则掌控着拍面的稍后仰角,以在来球上升期间击球的中上部。

③搓侧旋球。动作要领:搓球前,球拍先迎前。搓球时,手臂向左发力摩擦球的同时,手腕用力,在球的高点期或下降前期搓球中下部。

(7)攻球技术

在乒乓球比赛中,攻球技术是一项至关重要的基础技术,它不仅是得分的主要手段之一,还包括了快攻、快带、快拉、突击、扣杀、杀高球等多种技术手段。下面我们以正手快攻和正手扣杀球技术为例,进行学习。

①正手快攻。动作要领:在近台站位后,以转腰的方式带动前臂向后引拍。通过调整好拍面的前倾角度,根据球的长度、高度和距离,实现挥拍击球的加速。在进行击球时,应选择高点期或上升期,并将拍面略微前倾,以施力于球的中上部,使其向前下方运动。在球被击出后,手臂立即恢复原状,准备进行下一次击球的动作(图5-1-14)。

图 5-1-14　正手快攻

②正手扣杀。动作要领:根据来球的长度而定,短者站位靠近台,而长者站位靠中远台,因此站位的远近需根据来球的长度而定。在击球之前,通过腰部的旋转带动手臂向体侧后方进行引拍,以增加球拍与来球之间的距离,从而实现更高的挥拍速率。在击球时,以略微前倾的拍面为基础,在高点期或上升期进行击球,通过同时发力腰部和腿部,以增强扣杀力量;而在手腕向前下方挥拍时,用力地控制球的落点和方向,同时在中上部击球。

2. 弧圈球技术

在乒乓球比赛中,弧圈球作为一种以旋转为主要特征的进攻技术,被广泛应用于进攻得分的手段之中。弧圈球技术以其卓越的上旋性、卓越的稳定性、惊人的速度和巨大的威胁脱颖而出。

（1）正手拉加转弧圈球

动作要领：左足置于前方，右足置于后方，双膝微微弯曲，身体重心向右足倾斜。当球从台面弹起时，手臂自然下垂，微微前倾，同时右脚踏地，腰部向左上方旋转，从而带动肩、上臂、前臂和手腕发力。在球体下降的过程中，当摩擦球位于球体的中央或中上部时，击球后身体的重心会向左脚移动。

（2）正手拉前冲弧圈球

动作要领：左足置于前方，右足置于后方，双膝微微弯曲，身体重心向右足倾斜。两脚前后开立与肩宽相等。以右后方为引拍方向，引拍位置略高于拉加转弧圈球的位置。当击球时间处于高点期或下降初期时，拍面的前倾角度呈现出比加转弧圈球更为显著的增大，同时摩擦球的中上部。在击球之后，身体的重心会向左移动。

3. 削球

削球技术种类很多，总的来说分为正手削球与反手削球两大部分。

（1）正手削球

左脚稍前，身体离球台1 m以外。击球前，手臂自然弯曲，经球拍向右上引至与肩同高，身体重心放在右脚上。击球时，手臂向左前下方挥动，拍面稍后仰，在下降期击球的中下部，同时手腕向下发力。击球后，球拍随势前送，身体重心移到左脚，然后迅速还原。

（2）反手削球

击球前，右脚稍前，手臂弯曲，球拍向左上方引至与肩同高，拍柄向下，身体重心放在左脚上。击球时，手臂向右前下方挥动，拍面后仰，在下降期击球中下部，同时前臂与手腕加速削来球。击球后，身体重心移到右脚。

（二）羽毛球运动基本技术

1. 握拍法

（1）正手握拍技术

以右手握拍者为例（左手持拍者则呈现相反的情况），下文将对其进行详细阐述。所有位于身体右侧的击球，无论是正手正拍面击球还是头顶后场击球，均采用正手握拍法进行。

动作要领：

①以左手握住球拍的中杠，使拍框垂直于地面。

②将右手张开，使虎口与拍柄斜棱上的第二条棱线对齐，紧接着以近似握手的方式握住拍柄，拇指和食指贴在拍柄两侧的宽面上，而其余三指则自然握住拍柄。

③手掌与拍柄之间应当留有适当的间隙，以确保握持时不会产生过度的接触。视个人情况而定，握拍时应选择球拍柄端靠近手掌的小鱼际，以达到最佳效果。

④以适宜的力度握拍，仿佛握着一枚鸡蛋，重则破裂，轻则滑落。

（2）反手握拍技术

所有位于身体左侧的反手击球，均采用反手握拍法进行反拍。

动作要领：

①在进行正手握拍的基础上，将球拍柄略向外旋，将拇指贴在拍柄第一斜棱旁的宽面上，或者将大拇指置于第一、二棱线之间的小窄面上，同时将食指稍微向下靠。

②在进行第二次击球时，需以食指以后的紧握三个手指紧握拍柄，同时拇指前顶施加力量，以完成击球。

③确保手掌和拍柄之间留有足够的间隙，以便于施力。

（3）初学者常见的握拍错误

①虎口对应于第一、三或第四条斜棱或拍柄宽面上的位置。

②将手掌紧握，仿佛握紧了自己的拳头。

③以食指轻触拍柄宽面的上方，仅用余下的四指轻抚球拍。

2. 羽毛球发球技术

就发球的方式而言，可分为正手发球和反手发球两种不同的动作。根据个人的惯例或战术需求，人们可以选择使用正手或反手进行发球。通常情况下，在单打比赛中，正手发球是一种常见的发球方式，而在双打和混合双打比赛中，反手发球则被广泛采用（图 5-1-15）。

图 5-1-15 正手发球

从球的飞行角度和距离来看，可以将其归为四类：后场高远球、后场平高球、后场平射球和网前小球。

3.羽毛球接发球技术

在开局阶段，接发球和发球一样，都是至关重要的技巧。在接发球的过程中，必须保持镇定冷静，做出精准的判断，并积极争取抓住这个机会，以主动的姿态应对。

4.羽毛球击球技术

（1）高远球

以较高的弧线将球投向对方场区的底线附近，即为击高远球。所有初学者进行击球动作的基础就在于击高远球。高远球之所以备受青睐，是因为其弧线之高、滞空时间之长，其目的在于迫使对手远离中心位置，退至底线处接球。该球具有双重效果，一方面可以削弱对手的进攻能力，为己方寻找进攻机会提供支持；另一方面，当己方处于被动状态时，我们可以利用更多的时间来调整自己的站位，以摆脱当前的被动状态。

高远球的击球方式包括正手击高远球（图 5-1-16）、头顶击高远球、过手击高远球以及反手击高远球。

图 5-1-16　正手击高远球

（2）网前击球

网前击球即击球位置在网前，它概括了网前击球各种各样的可能性。可以细分为放网前球、搓球、挑球、推球、勾球、扑球和抹球。

作为前场击球，这些技术的动作小，所需力量也较小，特别要以巧取胜。首先要以快速、合理的上网步法为基础，只有快速到位，争取从网的较高部位击球，才能给对方更大的威胁。

（三）网球运动基本技术

1. 握拍法

在所有的网球技术中，握拍法是至关重要的一环，因为它能够直接影响球拍与球的接触角度。目前，东方和西方的握拍方式已成为全球最为盛行的两种。在总结教学实践经验后，专家得出结论：业余网球的基本技术应该从东方式正手击球技术开始学习，这样可以获得最佳的效果，并且能够快速掌握。因此，在此只向大家介绍东方式握拍的方法。

（1）正手握拍法

以左手握住拍颈，使拍面垂直于地面，同时将拍柄底部对准身体，右手掌展开并放置在拍面上，缓慢地向拍柄底部滑动，直至握住拍柄底部，五指自然分离，仿佛握手一般紧握拍柄。在东方握拍方式中，拇指和食指所形成的"V"字形虎口与拍柄把手的右上斜面精准对准。

（2）反手握拍法

东方式反手握拍法与正手握拍法不同之处在于把手向左转动（或把拍子向右转动），使拇指与食指形成的"V"字形对准拍柄的左上斜面。

2. 击球

击球是指球员站在后场或端线附近击打从地面反弹起的球，它包括正手击球和反手击球。

3. 发球

发球是比赛的开始动作，也是唯一由自己控制而不受对方干扰的击球技术，高质量的发球可直接得分。根据速度、旋转、落点不同，发球可分为平击发球、切削发球和旋转发球。

4. 接发球

接发球是网球运动中的一项重要技术，只有接发球成功，才有打第二拍、第三拍的可能。网球的发球和接发球分别是比赛双方的第一拍，在很大程度上对胜负起决定性的作用。

（1）握拍

在接发球的过程中，握拍时需放松，引拍和前挥也应保持放松，但在球拍与球接触的那一刻，应紧紧握住球拍，特别是拇指、无名指和食指需用力抓拍。通过手腕的牢固固定，可以确保拍面的稳定性，即使无法对对手区进行有力的还击，也要使用稳定的拍面来顶住来球，或者以适当的角度控制还击方向。

（2）站位与准备

一般情况下站位于单打边线附近、底线后 0.5～1 m 的地方。如果偏离单打边线太远，就会给自己造成防守上的空虚，同时也不能离底线太远或站到场地里面去。针对一发和二发应该有所不同，对方第一次发球时多采用大力发球，站位应偏后一些，第二次发球时可略向前移，采取攻击性的还击。

（3）引拍

在击球时，动作与正常的抽击球和其他击球动作基本相同，唯一的区别在于缺乏明显的后引。对于快速进球而言，回球通常采用阻挡式动作，类似于截击球技术，引拍动作应控制好拍面角度并握紧球拍，以避免拍面受到震动。在判断球的位置后，应迅速移动身体，在击球点启动时，双肩与身体重心应同步移动，向击球方向迈出一侧步，同时在转肩时使肘部离开身体，并使持拍臂腋下留出约一个球的间隙。

（4）击球

在进行向前挥击时，应尽可能使拍子的轨迹呈现出由高处向下再向上的趋势，但上下应保持相对较小的幅度。球点位于身体前方略微偏斜，略高于胸部位置。

（5）随挥

随挥在击球后自然停止，球拍向挥拍方向随势挥出。身体的重心应该集中在前脚掌上，而后脚则可以稍微抬起，但一般情况下不应该离开地面。

（6）还原

接球后迅速复位，准备再次迎接对方打击过来的球。

5. 截击球

截击球是指在球落地之前便将球在网前击回对方场区。它通常速度快、力量大，具有较大的威胁性，在高水平的比赛中，常以主动上网截击控制对手。网前截击分为正手截击和反手截击。

第二节 田径运动的科学训练方法

一、田径运动理论基础

田径运动是在人类的生产生活中产生和发展起来的，在人类早期，人们为了更好地延续生命和获得生活资料，必须不断地与大自然做斗争。因此，走、跑、跳跃等动作在日常生活中被广泛地运用起来。由于这些动作在生存和生活过程中被不断重复，因此，演变并形成了具有一定技巧的奔跑、跳跃、投掷技能。除此之外，在狩猎的闲暇之余，远古人类也会进行走、跑、跳跃、投掷的娱乐活动和竞赛活动，以便为生活增加乐趣。这些娱乐和竞赛活动就是田径运动的雏形。[①]

田径运动内容丰富、项目众多，接下来我们将重点阐述田径运动中的跑动项目、跳跃项目及投掷项目的起源。

1. 田径跑动项目的起源

短跑运动：据史料记载，公元前 776 年，第 1 届古代奥运会在古希腊奥林匹亚村举行。在此届奥运会上，短跑运动已经出现。

现代长跑：英国是现代长跑运动的发祥地。早在 18 世纪，英国就已经有职业赛跑选手参加的长跑比赛了。

跨栏跑运动：跨栏运动的起源地也是英国。1864 年，在牛津、剑桥两所学校举行的首届对抗赛上，首次出现跨栏跑项目比赛（图 5-2-1）。

图 5-2-1 跨栏跑运动

[①] 姜顺.高校体育专业田径课程教学内容改革的思考[J].当代体育科技，2018，8（34）：73-74.

马拉松运动：马拉松长跑比赛是为了纪念雅典战士斐迪庇第斯（Pheidippides）而设置的。相传，雅典战士斐迪庇第斯从马拉松镇一直跑到雅典，传递战争胜利的喜讯后倒地牺牲。为了纪念这位勇敢的战士，在1896年的第1届现代奥运会上举行了从马拉松镇跑到雅典的比赛。

2.田径跳跃项目的起源

跳远运动：公元前8世纪，在古希腊奥运会上就已经出现了跳远比赛。现代跳远项目大约是在19世纪中叶出现的。在1896年雅典举行的第1届现代奥运会上，跳远作为正式比赛项目出现。

三级跳远运动：早在公元前200年，类似三级跳远的比赛就在凯尔特人运动会上出现了。因此，有学者认为，爱尔兰和苏格兰是现代三级跳远运动的发祥地。19世纪中叶以后，三级跳远技术有了进一步的发展，并且逐步形成了几大流派（图5-2-2）。

图 5-2-2　三级跳远运动

跳高运动：作为田径比赛项目的重要组成部分，跳高运动起源于爱尔兰和苏格兰。发展至1800年，跳高已是苏格兰高地运动会的比赛项目之一（图5-2-3）。

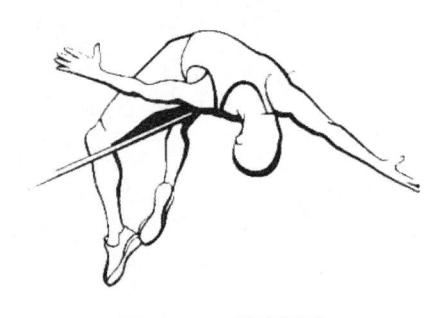

图 5-2-3　跳高运动

撑竿跳高运动：相传，撑竿跳高项目是由以撑竿或投枪为支撑物越过深沟、水溪和围墙演变而来的，发展初期，撑竿跳高深受人们的喜爱，尤其是年轻人间经常进行比赛。一直到公元 554 年，在爱尔兰塔里蒂安运动会上，撑竿跳高项目一直作为传统运动项目进行比赛。之后，经过一段时间的演变和发展，撑竿跳高运动从爱尔兰传到苏格兰和英格兰。1866 年，第一次撑竿跳高比赛举办，这标志着撑竿跳高项目正式成为竞技运动项目（图 5-2-4）。

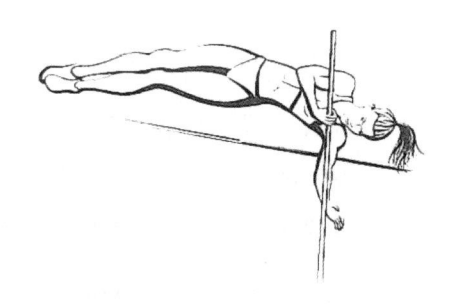

图 5-2-4 撑竿跳高运动

3. 田径投掷项目的起源

掷铁饼运动：投掷铁饼是一项古老的田径项目，早在古代奥林匹克运动会上就有了这一项目，五项全能运动中的"投盘"指的就是掷铁饼。当时用的圆盘为石制的，后来逐渐演变为金属圆盘。公元前 708 年，由铁饼、跳跃、绕运动场跑、掷标枪、摔跤组成的五项全能运动已经出现（图 5-2-5）。

图 5-2-5 掷铁饼运动

推铅球运动：推铅球运动始于军中，由山炮兵投掷炮弹比赛逐渐发展演变而来。现代铅球的重量为 16 磅，即 7.26 千克，此重量从铅球起源开始一直沿用至今（图 5-2-6）。

图 5-2-6　推铅球运动

掷链球运动：掷链球运动起源于爱尔兰和苏格兰。在 19 世纪中叶，掷链球运动出现在英国的一些大学里。1890 年前后，掷链球运动在美国流行，在开展过程中，人们把链球的木柄改为铁柄，再后来改为钢链，最终形成了现代的链球运动。

二、田径运动的类别

（一）根据运动性质区分

将田径运动分类是为了更好地了解它的基本存在形式。可依不同需要对它分类，还可根据它的项目特征、竞赛场地（室内或室外）以及参加者的性别、年龄等情况进行分类。田径运动的项目较多，一般来说各国都依本国的实际情况确定，在这里我们将田径运动分为实用田径运动和竞技田径运动两大类。[①]

1. 实用田径

（1）自然环境中的田径运动

自然环境中的田径运动包括自然环境中的走、跑、跳、投以及克服各种障碍的健身运动和游戏。

（2）健身性田径运动

健身性田径运动以步行、奔跑、跳跃和投掷为主要手段，旨在提高身体素质、促进健康、延缓衰老、延年益寿。健身性田径运动的各项活动所需的基本技能均为人类的基本活动技能，相较于田径竞技运动，其实施要求和难度较低。因

---

① 姜顺. 高校体育专业田径课程教学内容改革的思考[J]. 当代体育科技，2018，8（34）：73-74.

此，这种全民健身运动能够满足不同年龄和性别的人群的需求，是一种高效的健身方式。

按人体自然运动方式，可将健身性田径运动划分为健身走、健身跑、健身跳、健身投四类。

（3）趣味性田径运动

趣味性田径运动一般按跑、跳、投和综合项目划分。国际田径联合会（以下简称"国际田联"）推广的趣味性田径项目分为径赛和田赛两部分，每一部分都包括若干个项目。国际田联地区发展中心雅加达根据国际田联推广计划，2000年在东南亚曾推出了一套趣味田径运动教材，趣味性田径运动按跑（playful running）、跳（playful jumping）、投（playful throwing）分为三大类。

我国根据国际田联趣味性田径运动推广项目，将趣味性田径运动划分为走跑类、跳跃类、投掷类和全能类。

2. 竞技田径运动

竞技田径运动项目主要包括竞走、跑、跳跃、投掷以及由跑、跳、投部分项目组成的五项全能运动。

（二）根据技术特点区分

国外将田径运动称为Track and Field Sports，意思是小路、路径、道路，而field的意思是田野、草地，这样人们就很自然地将其翻译成田径。后来，人们把在田径场中间或邻近场地上进行竞赛或锻炼身体的跳跃和投掷的练习称之为"田赛项目"，而把在田径跑道上或一般道路上进行竞赛或锻炼身体的走与跑的练习称为"竞赛项目"。

目前，我国把以高度和远度计算成绩的跳跃和投掷项目称为"田赛项目"，而把以时间计算成绩的走和跑的项目称为"竞赛项目"，两者合在一起称为"田径运动"。

三、田径运动的特征

（一）技能基础性强

田径运动技能基础性强主要表现在两个方面。一方面，田径运动的技能基础是人体基本技能的竞技形式。具体来说，田径运动起源于人类的日常生产生活，是由人类生活和劳动的基本技能（如走、跑、跳、投等）发展而来的。可以说，田径运动包含的人的基本运动技能正是人类得以生存的重要技能，是人体活动最基本、最普遍、最自然的形式。另一方面，田径运动的各项运动技能是其他体育竞技运动的基础。就运动形式和内容来看，在现代体育竞技运动中，任何一个体育运动项目的任何一种运动形式的存在几乎都离不开跑、跳、投等基本的田径运动动作。田径运动的各项技能有效、全面地发展了运动者的身体素质，这也是很多竞技运动把田径运动作为训练手段的重要原因之一。

（二）群众基础广泛

田径运动具有广泛的群众基础，作为人的基本活动技能，深受人们喜欢。田径运动群众基础广泛的原因主要包括以下几个方面。

1. 田径运动可选择众多项目

田径运动内容丰富、可供运动者选择的运动项目众多，参与者可根据自己的年龄、性别、爱好、特点、身体素质、运动能力等选择适合自己的田径运动项目进行练习。

2. 田径运动具有较强的参与性

田径运动可选择项目较多的特点决定了田径运动具有较强的参与性。一方面，不同年龄和性别的人、不同身体状况和健康水平的人，都可以选择参加相应的田径运动。另一方面，田径运动中的任何项目在练习过程中均可采用不同大小的运动负荷强度，参与者不易受到伤害，更增强了田径运动的参与性。

3. 田径运动较少受限制

（1）受场地条件限制少

在田径运动中，许多项目都没有太多的条件限制，以跑类项目为例，参与者在公路、田野、广场、公园、草地、沙滩等地方，都可以进行健身和锻炼。

（2）受器械条件限制少

一些田径运动的器材设备要求简单、易操作，利于开展。

（3）受天气条件限制少

田径运动受天气影响较小，只要不是过于恶劣的天气，均可以开展不同形式的田径运动。

(4) 受技术条件限制少

和其他运动项目相比，田径运动走、跑、健身和训练不需要运动者具备较高的技术基础。

(5) 受时间条件限制少

田径运动受时间影响小，参与者可以在早上、中午、傍晚等任何空闲时间开展，一年四季都可以进行锻炼

(三) 比赛项目众多

田径运动比赛项目众多，是奥运会中的比赛大项，也是历来各国争夺金牌的重点项目。田径比赛项目可以分为很多单项，是所有大型运动会中比赛项目最多、参赛运动员最多的项目。在奥运会比赛中，田径运动是"金牌大户"，有人用"得田径者得天下"来形容田径运动在奥运会中所占的位置。例如，在2008年北京奥运会中，田径比赛共设47个小项，分田赛、径赛、全能三个大类，是历届奥运会上金牌最多的项目，其金牌分布情况是田赛16枚、径赛29枚、全能2枚。在2012年伦敦奥运会中，田径比赛也设了47个小项，包括金银铜共141枚奖牌。

(四) 技术要求严格

田径运动的动作结构并不复杂，但对技术要求很高。就竞技田径运动来讲，其技术要求极为严格，运动员在运动训练中必须掌握科学、合理的技术。从田径运动各项目的动作结构来看，田径运动具备周期性、非周期性和混合性动作的结构特点。不同动作结构类别的运动项目，其技术特点和要求是不同的；即使是同一动作结构类别的运动，也有着区别于其他运动的特点。

(五) 比赛竞争激烈

田径运动比赛的项目多，竞争激烈，运动员往往要把身体的潜能发挥到极限，才能获得好的名次。例如，田径运动中的短跑运动项目，运动员之间的差距甚至可能在一秒之间。此外，在高水平的田径运动比赛中，还会在比技术的基础上比心理、比战术，竞争性更强。

(六) 追求自我超越

竞技田径运动所设的各个小项，即跑、跳、投等各类项目，与"更快、更高、

更强"的奥林匹克运动格言不谋而合，充分反映了田径运动追求自我超越的特点。在赛场上，田径运动追求自我超越的特点主要表现在比赛中，即不同运动员之间的激烈竞争。从实质上分析，田径运动追求自我超越的过程蕴含着三种层次的竞争精神。

从文化意义上讲，现代田径运动以满足个体发展为基本目标，表现出"追求时间上更快、空间上更高、精神上更强"的特殊文化性。田径运动通过对生物人的改造达到对社会人的塑造的目的，从而影响社会生活。因此，田径运动具有很大的文化创造性，并且对促进社会文明的发展具有重要的影响。

四、田径运动训练理论

参加田径运动训练，除了要有一定的训练依据、目标，还要熟悉和了解田径运动训练的基本理论，以理论指导训练实践，如此才能保证田径训练的科学性和有效性，促进训练水平的提高。

与其他运动项目一样，田径运动各项技术的学习和训练同样遵循一定的原理，熟悉和了解这些技能原理对科学地参加田径运动训练具有重要的意义。

（一）物质和能量代谢原理

物质和能量代谢原理是个体参加任何一项运动所必须遵循的基本原理，对于田径运动来说，同样也是如此。在田径运动训练中，肌体承受负荷需要消耗大量的能量，而能量的消耗对应的是能量的补充。

根据机体能量分解时间的不同来划分，时间在10秒至3分钟的运动主要以糖酵解供能为主，持续时间长于3分钟的训练运动主要由肌体有氧氧化系统提供能量。田径运动中的径赛项目大都属于这两种物质和能量代谢方式。

总之，物质和能量是人体参与运动的基础，了解人体运动过程中物质和能量的代谢情况及规律有助于田径运动员和健身爱好者更科学地控制整个训练过程，提高训练的效果性和安全性。

（二）周期训练原理

周期理论主要研究的是运动员竞技状态形成和发展的基本规律、竞技状态的构成因素、竞技状态的表现方式、竞技状态的调控等内容。对于田径运动来说，田径运动员竞技状态形成和发展所经历的阶段主要有初步形成阶段、提高与保持阶段、暂时消失阶段等。运动员的竞技状态构成因素主要是指运动员的形态、机能、素质、心理、思想、精神状态等。田径运动员的竞技状态的表现方式主要有保持时间长短、个体和集体、一般和专项、局部和整体等；田径运动员竞技状态的调控指应根据其个体和训练因素合理安排训练时间，根据训练的任务选择不同的调控方式。

（三）竞技状态原理

竞技状态是指人体在比赛前和比赛过程中的一种状态反应，运动员肌体的竞技状态在一定程度上表明运动员参加比赛的能力或创造优异运动成绩的体力状态和心理状态。运动生理学家认为，竞技状态是指肌体活动在中枢神经系统的主导作用下达到了最完善的程度。从这个角度看，良好的竞技状态是人体生理能力和中枢神经系统状态的综合反应。在田径运动中，竞技状态的出现是在田径运动训练的影响下，有机体的各器官和各系统之间的活动取得协调一致的结果，在整个训练过程中，运动员的中枢神经系统起着主导作用。各器官和系统之间的活动达到协调一致能使有机体很快地适应外界环境的变化。因此，整个田径运动训练过程是可控的，竞技状态的时间也是可控的。

判断运动员是否具备良好的竞技状态，主要有两个指标，即主观指标和客观指标。主观指标是指运动员自我感觉良好，愿意进行田径运动训练和比赛，迫切要求在比赛中发挥自己的运动能力；客观指标是指肌体能迅速进入工作状态，并且具有高度的工作能力，负荷后能迅速恢复。

运动员良好竞技状态的形成主要取决于以下几个因素：第一，在训练的影响下，肌体各器官和系统发生的一切变化；第二，中枢神经系统的工作能力；第三，赛前训练的安排、作息制度等赛前准备工作；第四，比赛的级别、性质、比赛时的客观条件、竞赛日程的安排。

总之，竞技状态应包括生理机能和神经心理两方面的因素。其中，生理机能因素较稳定；神经心理因素不稳定，变化较大，但起着决定性作用。因此，竞技状态是运动员在田径运动训练和比赛过程中，具有高水平的生理机能状态、运动技术和超强的意志品质的客观体现。这就要求教练员在制订全年训练计划时，应根据重要比赛的任务合理安排好训练，帮助运动员获得良好的竞技状态。可以说，具有良好竞技状态的运动员充满了对训练和比赛的渴望，往往能取得理想的训练效果和优异的比赛成绩。

（四）稳定状态原理

一般来说，在人体进入工作状态后，肌体的各器官和各系统的机能和工作效率并不会立刻发生变化，而是在一段时间内保持一个稳定的水平。这就是运动训练的稳定状态原理。在田径运动中，田径运动员的训练同样遵循此原理。

通过对稳定状态进行研究可以发现，稳定状态主要分为真稳定状态和假稳定状态两种形式。真稳定状态是指肌体在进行中小强度的长时间运动并进入工作状态后，肌体的摄氧量能够满足肌体的需氧量，肌体的各项生理指标保持相对稳定的状态。运动员在稳定状态下进行运动训练时，能量供应主要以有氧代谢供能为主，很少产生乳酸或发生氧的亏欠，运动持续的时间较长。运动员在训练中，肌体氧运输系统的机能与稳定状态保持的时间呈正相关。

假稳定状态是指肌体在进行强度较大、持续时间较长的运动时，进入工作状态后，肌体的摄氧量虽然已经达到并稳定在最高水平，但是仍不能满足肌体对氧的需求，在训练和比赛的运动过程中肌体的氧气不断增多。在肌体的假稳定状态下运动时，与田径运动有关的生理指标，如心率、心排血量、肺通气机能等指标基本达到并稳定在运动员自身的极限水平，但由于体内供氧不足，肌体的无氧代谢供能占优势，乳酸水平升高，血液 pH 值下降，运动时间难以持久。

因此，在田径运动训练过程中，应科学安排运动训练的内容、强度和时间，不断提高运动员的身体素质和运动技能，使其达到最佳工作状态。

（五）训练负荷原理

田径运动员要想实现训练的目的，就要在运动训练过程中给身体施加一定的运动负荷，使肌体在形态结构、机能等方面产生生物适应，通过肌体的不断适应来提高肌体的运动能力和对外界的适应能力。这就是训练负荷原理。

（六）训练适应原理

从生理学的角度看，田径运动员参加运动训练，须经过一定的阶段，其肌体才能适应训练内容及过程，这就是运动训练的训练适应原理。

（1）刺激阶段

在运动训练初期，运动员肌体需要接受来自各方面的刺激。

（2）应答反应阶段

田径运动员在运动负荷的刺激下，肌体内部各器官和运动系统产生兴奋感，并将兴奋感传输到肌体各个器官中，最后使整个肌体进入运动状态，以实现肌体对外界运动负荷的生物应答反应。

（3）暂时适应阶段

在运动训练过程中，运动员的肌体器官和系统持续接受刺激，并持续对这种刺激做出一定的反应，经过一段时间后，运动员的肌体就会进入一个良好的工作状态，在运动过程中各项生理指标趋于稳定。随着训练活动的继续进行，当肌体的应答指标不再上升也能承受外部刺激时，表明肌体已经适应了当前的运动刺激。

（4）长久适应阶段

在长久适应阶段，各机能系统和组织器官在全面增加的各种外部运动的刺激下产生较为明显的身体结构和机能的改造。主要表现为肌体运动器官功能和身体机能的完善与协调。

（5）适应衰竭阶段

当运动员对自己的运动安排不科学、不合理时，其肌体某些机能会在运动中出现一定的衰竭情况。例如，为了快速达到训练效果而不合理地加大运动量，使肌体承受过度训练。

（七）超量恢复原理

超量恢复，又称超量代偿，是关于运动时和运动后的休息期间能量物质消耗和恢复过程的超量恢复学说。根据超量恢复原理，人体在运动过程中所消耗的能量物质在运动后不仅能够恢复到其原有水平，而且还能够超越原有水平，且机能水平的恢复也可以超过原有水平。这种在运动中消耗的能源物质，在运动后恢复到并超过运动前水平的现象被称为超量恢复。

根据超量恢复原理，田径运动的训练过程可划分为三个不同的阶段，分别是器官系统工作能力下降阶段、工作能力复原阶段以及工作能力超量恢复阶段。在田径运动训练过程中，运动员体内以能源物质的分解和能量的消耗为主，恢复过程处于次要地位。因此，运动员在训练过程中的能源物质的消耗大于恢复，表现为体内能源物质数量随运动时间的延长而减少。而在训练活动结束后的恢复期中，能源物质则从以消耗为主变为以恢复为主。这时，配合合理膳食等补充手段，体内的能源物质的数量逐渐恢复到运动前水平，甚至超过运动前水平。

运动员在参加田径运动训练的过程中，一定要遵循超量恢复原理，同时要注意以下几点要求。

第一，运动员在训练中，其肌体会因承受一定的负担而产生疲劳。因此，在训练后要有合理的恢复与休息时间，这是产生超量恢复的前提条件，过分疲劳对肌体是不利的。

第二，为了使肌体能够较好地保持超量恢复的水平，运动员一定要反复进行超量恢复，巩固训练的效果，否则就会下降，严重者还会低于原有训练水平。

第三，在田径的不同训练项目中，不同能源物质在运动时的消耗速率和恢复时间是不同的，不同强度和持续时间对能源物质的消耗也不同。为了更好地实现超量恢复，运动员应结合自身的具体实际制订一个切实可行的训练计划。

第四，大量的研究和实践表明，训练运动中间歇时间的长短在很大程度上影响着运动员体能恢复的效果，从而对运动员运动能力的提升产生非常重要的影响。因此，田径运动员在训练的过程中一定要合理安排运动间歇时间。

第五，如果运动员训练的时间长达数小时，则应考虑到肌糖原的恢复。研究表明，在大强度重复多次的间歇运动后，肌糖原在5～24小时内可恢复，并且不受食物中糖含量的影响；持续大强度训练后，肌体肌糖原的恢复时间则需要48小时以上，而且还需要配合膳食中的糖补充才能实现。因此，运动员应适当补充糖（一般以600克为宜），同时还要补充一定量的蛋白质。

（八）运动技能建立原理

运动技能又称动作技能，指人体掌握、运用及有效地完成专门动作的能力，也指人体掌握和运用专门技术的能力。

运动生理学认为，运动技能是运动反射的重要形式之一，它是根据条件反射的机制而形成的，在形成运动技能时，肌体产生和巩固条件反射体系。生理学家巴甫洛夫把这些条件反射体系称为"动力定型"。动力定型是形成运动技能的重要基础，在运动训练中，科学示范和演示动作能正确地引导运动员顺利形成运动技能。

在田径运动训练中，运动员所建立的运动技能之间存在着相互促进、相互影响的关系。例如，竞走技能是在普通走的技能基础上形成的，跨栏技能是在短跑技能基础上形成的。在建立运动技能的过程中，动作的多次重复使形成这些动作的条件反射可以在大脑皮质的优势兴奋区以外（大脑皮质的降低兴奋区域内）进行。也就是说，在田径运动中，与肌体的已有条件反射有联系的动作，可以在无意识的情况下自动进行，即实现了动作自动化。

关于动作的自动化，其在田径运动员的训练中具有非常重要的意义，具体表现在以下几个方面。

（1）节省体力

在田径运动中，动作自动化形成以后，运动员的肌体可以在无意识的情况下完成动作，能减少中枢神经系统的消耗。

（2）动作稳定

在田径运动中，动作自动化形成后，即使有外界刺激物的影响，运动员的动作技能也不会遭到破坏。

（3）充分发挥意志力，提高比赛成绩

在田径运动中，动作自动化形成以后，肌体可以无意识地完成动作，从而解放了运动员的注意力，使运动员的注意力能够集中到意志力上，得以提高运动成绩。

运动员在田径运动训练中，应充分利用整个肌体的机能，必须把改进具体技能和全面训练有机结合起来，使运动员的肌体机能获得进一步提高。同时，运动员还需要在运动训练的过程中使肌体间建立起广泛的联系，并使它们达到自动化的程度。这种在训练中结合专项练习和全面训练而逐渐取得的动作自动化，在完成各种练习时，为取得广泛的运动技能及充分发挥整个肌体的潜力创造了条件。当各种技能实现动作自动化时，就可以在专项运动成绩上得到反映。因此，为了顺利进行田径运动训练，必须重视专项练习和全面训练相结合的动作自动化。

需要注意的是，在田径训练中，并不是所有的全面训练都是有益的。只有当所采用的训练手段对运动员的基本运动技能有积极作用时，这种全面训练才能发挥应有的作用，才能有效提高运动员的训练水平和比赛成绩。

（九）运动素质转移原理

在田径运动中，一般运动素质与专项运动素质之间有着密切的关系，两者之间相互影响、互相依赖。运动素质转移现象也会出现在田径运动训练过程中。在田径运动训练过程中,运动员的肌体运动素质的转移,主要是指运动员在发展某项田径专项体能素质时,该素质会对其同类的素质或不同类的素质的发展产生一定的影响。为了获得理想的训练效果。田径运动员应熟练掌握运动素质转移的基本理论及内在规律。

田径运动要求运动员必须具备多种运动能力,需要各种运动素质同时发挥作用。例如,田径运动中的跳跃和投掷项目,既需要力量,又需要速度,两者结合形成了爆发力。根据图多博姆帕《运动训练理论与方法》对各种生物运动能力之间的相互关系的研究显示,灵敏与柔韧结合则称为灵活性,即一种能够在大幅度运动中快速、准确、协调地完成动作的能力。运动员运动素质转移的决定性因素主要包括肌体的整体性、动作结构的相似性以及能量供应来源的同一性。各项运动素质的生理、生化基础是决定运动素质转移的内在机制。在田径体能训练中,如果两种素质发展的生理、生化基础相同,则会产生良好转移;相反,则不会出现转移或发生不良转移。[①]

第三节 塑身运动的科学训练方法

一、塑身运动概况

塑身运动是以身体练习为基本手段,运用专门的动作方式和方法进行锻炼,以塑造体形、培养姿态、改善气质、增进健康为目的的一项新兴体育项目。

塑身运动以塑造优美形体为主要特点。形体美的内容很广泛,它包括体形美、姿态美、动作美和气质美。塑造形体美的方法也很多,它包括形体训练、健美运动、健美操、体育舞蹈、瑜伽等。

塑身运动以"健康、力量、美丽"为目标,是人类期盼与追求的身体状况的最高境界。在塑身运动中,无论是形体训练、体育舞蹈,还是健美运动、健美操,无不处处表现出"健、力、美"的特征。随着现代物质文明的不断提高,人们修

---

① 杨静. 青少年田径运动科学化训练现状及对策研究 [J]. 青少年体育,2019(8):85-86;140.

饰与塑造自己愿望的意识不断深入，"花钱买健康"的观念不断提高，塑身运动在我国越来越受到欢迎和深入普及，广受推崇，它已成为走在生活时尚前沿的最佳运动项目，成为青少年特别是现代职业女性追求的目标。

二、塑身运动中各个项目的科学化训练

（一）瑜伽

瑜伽健身是使心灵、肉体和精神和谐统一的一种运动方式，即使身心处于相对稳定、平衡的状态。瑜伽也是指个体与更宏大的某种事物之间的合一，也可称为具有灵性的存在。

1. 瑜伽的功能

（1）预防疾病，消除忧郁

随着竞争的日益激烈，工作压力的不断增大，人的心态变化和承受力比较大，随之而来的心理疾病不断增加。瑜伽练习会使人们的内心变得更平静更平和，没有怒气，没有怨言。这意味着，能使人们较少患上可能由于紧张与忧虑引起的疾病。瑜伽的一些姿势是轻柔地按摩和伸展身体，同时使身体的每一个部分都得到益处。

（2）提高平衡能力

瑜伽练习对保持人体生理功能，如呼吸、心率、流汗、血压、新陈代谢、体温和其他一些重要的机制的平衡很有好处。在练习活动的规律性开展下，人们能够获得许多好处，如坚韧、平衡、灵活性，一定抵抗疾病的免疫力，此外，还能够使自身的神经得到安定，疲劳得到消除，进而在睡眠的状态下使人们获得真正意义上的放松与安定。

2. 基本坐姿

（1）简易坐

在地面或垫子上静坐，将右侧小腿向下弯曲，置于左侧大腿下方，将左侧小腿向下弯曲，置于右侧大腿下方。将双手置于双膝之上，保持头、颈、躯干在同一直线上（图5-3-1）。

（2）半莲花坐

身体坐在地上或垫上，屈曲右侧小腿，使其紧贴左侧大腿内侧，然后将左侧

小腿弯曲并将其置于右侧大腿上，同时保持头部、颈部和躯干在一条直线上。将双腿的位置互换，然后继续落座。对于患有坐骨神经痛的个体而言，此项练习并不适宜进行（图 5-3-2）。

（3）莲花坐

在地面或垫子上静坐，双手紧握左脚，将其置于右大腿之上，脚跟置于肚脐下方，左脚底板朝向天空。用双手抓住右脚，穿过左小腿上方，将其置于左大腿上，使右脚底板同样朝向天空，同时保持脊柱的伸直状态。尽可能地维持此姿势的持久性，再进行双腿位置置换的练习（图 5-3-3）。

这一姿势的实施颇具挑战性，但它却是一项极具实用价值的松弛练习，熟练掌握后，可促进呼吸畅通，提高上半身血液循环，对于哮喘和支气管炎患者具有显著的益处。在每次打坐之后，需对双腿、双膝和踝关节进行按摩以促进身体血液循环。

图 5-3-1　简易坐　　　图 5-3-2　半莲花坐　　　图 5-3-3　莲花坐

3. 站立体位法

（1）风吹树式

做法：①站立，双手合十，胸前微缩。吸气之际，双手高举于头顶，手臂轻轻抵住耳际，上半身呈现向上延伸的感觉。

②呼出气息，身体向上弯曲向左，同时将髋部向右推移，保持 5 次呼吸。

③吸气，将其还原到向上。呼气后，将身体向右侧弯曲，同时将髋部向左侧移动，保持呼吸 5 次（图 5-3-4）。

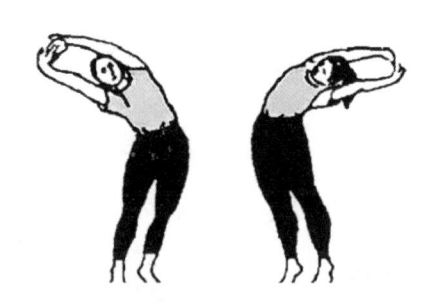

图 5-3-4　风吹树式

（2）三角转动式

做法：①在保持双膝完全伸直的同时，将右脚向右方旋转 90°，同时将左脚向右方旋转约 60°。

②呼出气息，双臂舒展开来，将上半身的重心转向右侧，让左手在右脚的外缘与地面接触。右臂向上延伸，与左臂同向而行。双眼注视右手指尖，双肩、肩胛骨伸展，维持大约 30 秒的时间。

③进行吸气操作，然后逐渐恢复双手和躯干，直至完成两脚的伸展状态，并将其恢复至基本站立式（图 5-3-5）。

图 5-3-5　三角转动式

（3）跪姿体位法

以猫式（图 5-3-6）为例，做法：①采用金刚坐姿，将双掌置于膝盖上，使背部伸直，并充分调整呼吸。

②深吸一口气，将臀部远离脚跟，俯身向前，膝盖和脚背贴在地面上，手臂伸展开来，掌心向下贴紧地面，背部紧缩，保持一段时间。

③以三次呼气为基础，手掌施力收腹，拱起背部，头部向下，下颌尽量抵住胸部锁骨处，动作保持静止，自然呼吸五次。

④再度深吸一口气，下颌向上翘起，头部微仰，腰部微凹，臀部挺拔。静止

动作，以自然的方式进行五次呼吸。进行三次重复的练习，分别在上下两个位置进行。恢复金刚坐姿，调整呼吸。

图 5-3-6　猫式

（4）蹲姿体位法

以花环式（图 5-3-7）为例，做法：①以蹲坐方式，将双脚并拢，确保脚心和脚跟完全贴合于地面。

②分开大腿和膝盖，身体向前，两手由两腿中间向前伸。

③手臂向后弯曲，双手紧握脚踝后方的区域。

④在紧握脚踝之后，呼出气息，将头部向下接触地面。

⑤在此停留片刻，以自然的方式进行呼吸。

⑥吸一口气，抬起头，松开手，让身体得到放松。

图 5-3-7　花环式

4.瑜伽调息法

（1）呼吸法

对于瑜伽练习者而言，深刻领悟呼吸的重要性并掌握正确的呼吸技巧，是一项至关重要的任务。正如《瑜伽经》所言：调整你的呼吸，即可塑造你的身体；调整你的呼吸，便可塑造你的内心。

呼吸的方式多种多样，包括胸式、腹式、完全（瑜伽）和喉式呼吸。

①胸式呼吸

身体仰卧，右手轻抚肋骨，姿态优雅。深吸一口气，但需注意避免腹部膨胀，而应直接将空气吸入胸部，以替代腹部扩张。在进行胸式呼吸时，应当注意到胸部的扩张，同时保持腹部的平整。随着吸气深度的增加，腹部逐渐向内收缩，朝向脊柱的方向收缩，同时肋骨向外和向上扩张，最后呼气，肋骨向下并向内收缩。

②腹式呼吸

将身体仰卧，右手轻柔地置于腹部中央。在吸气的过程中，将空气直接引导至腹部，吸气正确，手随着腹部而抬起，吸气的深度与腹部的高度呈正相关关系。随着腹部的抬起，横膈膜缓缓下降，紧接着呼出一口气，腹部向内收缩，朝向脊柱方向，通过尽可能地收缩腹部的动作，将肺部中的所有空气全部呼出，从而使横膈膜升起。

③完全（瑜伽）呼吸

身体仰卧，左手轻触肋骨，右手轻抚肚脐。缓缓地吸气，让空气先渗透至肺部下方，随后腹部向上抬升，最终进入肺部的中央和上部。缓缓地扩张锁骨，以便吸入最后一丝空气。接着缓缓呼出气息，先放松肺部上部，接着放松肺部中部，最终放松腹部，收缩腹部肌肉，使空气完全排出，进行吸气和呼气的再循环。完全（瑜伽）的呼吸应当呈现出一种流畅、柔和的状态，呼吸应当像一股轻柔的海浪，从腹部轻轻荡漾至胸腔中央，再延伸至胸部的上半部分，然后逐渐减弱消失，呈现出稳定而渐进的状态，不宜采用分节或跳跃的方式，也不应匆忙或用力地进行。

完成完全呼吸需要将两种呼吸类型有机结合，首先需要熟练掌握腹式呼吸技巧，然后再进行全面的呼吸练习。完全呼吸是一种自然的呼吸方式，经过反复练习和巩固，这种呼吸方式将成为你日常生活中的一种自我调节行为。

④喉式呼吸

喉部的呼吸是通过两个鼻孔进行的，由于喉头的收缩和声门的收缩，会产生轻微的声响，因此当你吸气的时候可以听见"萨"的声音；而当你呼出气息时，你会听到一声清脆的"哈"声，仿佛是婴儿沉睡时轻微的鼾声。这种呼吸方法叫作喉式呼吸，又称咽音呼吸法。喉部呼吸是一种神奇而广泛使用的呼吸技巧，它不受调息功法的限制，操作简单易行，任何人、任何时候、任何姿势都可以同时进行喉部呼吸的练习。练习者可将舌头向上或向后翘起，使其底部紧贴软腭进行呼吸。在练习喉部呼吸时，应尽可能进行深呼吸。

（2）收束法

在瑜伽术中，收束法是一种被称为"封锁法"的技巧，其目的在于将生命之气限制在身体的特定区域内，从而形成一种特定类型的压力或力量。瑜伽中常见的束缚法包括颔部收束、腹部收束、会阴收束和庞达三大收束。

①颔部收束法

达到至善的坐式，使得两只眼睛的闭合程度高达90%；深吸或呼出气息，屏住呼吸，低头，下巴紧贴胸骨，双臂伸直，向前耸起肩膀，双手紧压双膝，保持姿势，直至你需要呼气或吸气；进行深呼吸操作，抬起头，回归至完美的坐姿。

②腹部收束法

以至善的坐姿为基础，深吸一口气，彻底呼出气息，悬息，微微低头，双臂伸直，向前耸肩，双手紧紧压在膝盖上，腹部向内向上收，保持身体姿势；还原为至善坐姿。

③会阴收束法

以至善坐姿，闭上双眼，舒展身心；进行深呼吸，悬息，同时施加力量收缩会阴部，维持身体姿势；还原为至善坐姿。

④庞达三大收束法

以至善坐姿，闭上双眼，让身心得到放松。深吸一口气，再深呼一口气，然后悬息；采用颔部收束、腹部收束和会阴收束三种方式，保持正确的姿势；缓缓吸气，恢复至完美的坐姿状态。

（3）调息法

当人体吸入氧气后，呼气则会自然，呼出和吸入之间还需自然停顿。瑜伽调息是指在呼吸过程中意守这一停顿的冥想。瑜伽认为，身体和精神上的疾病源于体内生命之气的流通受阻，因此通过练习吸气、呼气和屏气等方式来调节生命之气的流向，以确保经络系统中生命之气的畅通，保持身体健康。瑜伽的调息方法多种多样，包括风箱、圣光、昏眩、清凉和经络等方式。

①风箱调息。进行练习的过程可以分为以下两个不同的阶段。

在第一阶段，采用一种舒适的瑜伽打坐姿势（比如至善坐式），右手食指和中指置于前额的正中央，大拇指置于右侧鼻孔的旁边，无名指则置于左侧鼻孔的旁边；以大拇指按住右侧鼻孔为基础，进行10次快速腹式呼吸；左鼻孔进行深呼吸后，向内闭合两鼻孔，随后进行额部收束或会阴收束，或者两者之一，持续1至3秒的悬息；以稳定的姿势同时呼出两个鼻孔的气息（喉部呼吸法），进行右侧鼻孔的更换练习，以此完成一个回合的训练；进行两轮的操作。

在第二阶段，以原姿势进行打坐，双手平放于膝盖上，鼻孔同时快速进行10次呼吸；深呼吸，吸气后进行1至5秒的悬息，同时采用额部收束法和会阴收束法，或者仅进行其中一种；呼出气息，抬起头颅，这是一轮；进行三轮操作；身体仰卧，稍事休息一分钟。

②圣光调息。以一种舒适的瑜伽坐姿打坐，闭上双眼；以风箱调息的方式进行腹式呼吸，通过用力呼气的过程，使吸气逐渐自然地进行；每一次呼出气息后，进行短暂的悬息动作，同时运用额部收束、腹部收束和会阴收束等方法，以保持眉心的专注。在确保舒适的前提下，解除三种方法，逐渐吸气；在呼气25次后，进行最后一次呼气，尽可能地将肺部的空气排出；进行两轮重复的练习。

③昏眩调息。以至善的坐姿，闭上双眼；慢慢地深呼吸；进行1至3秒的悬息，同时进行额部收束，缓慢而彻底地呼出气息；吸气、仰望；反复实践，不断完善。

④清凉调息。以至善的坐姿为基础，张开嘴巴，舌头伸出，将其卷成一条细长的管子，缓缓而深长地吸气，直到吸满空气，然后闭上嘴巴；低头，悬息1至5秒，同时做额部收束法；抬起头来，呼出气息。

⑤经脉调息。进行练习的过程可以分为以下两个不同的阶段。

在第一阶段，进行单鼻孔呼吸时，采用至善坐式，将右手食指中指置于前额中央，大拇指置于右侧鼻孔旁，无名指则置于左侧鼻孔旁，大拇指轻按右侧鼻孔，使用左侧鼻孔进行5次呼吸；将大拇指移开，然后使用无名指轻按左侧鼻孔，使用右侧鼻孔进行5次呼吸；进行10轮的操作。

在第二个阶段，进行双鼻孔的呼吸，然后按照之前的坐姿打坐。右鼻孔被大拇指轻轻按压，左鼻孔开始吸气；左鼻孔被无名指轻压，右鼻孔则呼出气息；吸气于右侧鼻孔，按住其上，而呼气于左侧鼻孔。在第二个回合中，从左侧鼻孔开始吸入氧气，如此循环往复，连续进行10个回合。

5.瑜伽松弛法

在瑜伽练习中，瑜伽松弛法是一种能够让身体得到充分放松的功法，它包括瑜伽休息术、瑜伽松弛法和瑜伽冥想。通过有意识地调整身体、呼吸和心理状态，使身体的肌肉、精神和心灵达到放松、宁静和自然的状态。

（1）瑜伽休息术

瑜伽的休息过程分为三个主要部分，包括准备阶段（瑜伽语音冥想）、基本阶段（放松身体各部位和瑜伽场景冥想）以及结束阶段（在精力充沛后起身放松）。

在日间练习瑜伽休息术的主要目的在于迅速消除身体疲劳，恢复精神活力，因此练习时间不长，仅限于基本和结束部分的练习，建议练习者保持头脑清醒。如果有人在练习时打起鼻鼾，有助清醒的正确方法是按摩和揉擦其头顶（百会穴），这样人醒来就不感到难受。如果鼾声不是非常响，那就别惊扰他们，顺其自然；也有些人刚开始时打鼾，但很快就不打了，不要匆忙制止，也应顺其自然。

在夜间练习瑜伽休息术的主要目的在于协助人们迅速缓解身心压力，减轻失眠的痛苦，直至达到自然的睡眠状态。因此，每个人在进行休息术时所花费的时间不同，但相对于日间练习的时间长些，可以做三个部分的练习，如果做到基本部分，放松身体各个部位就睡着，那就更好了。

有两种不同的练习方式可以练习瑜伽休息术，其中一种是由一个个体朗读引导词，而其他个体则倾听并进行练习；另一种方式是在内心深处默默地进行自我引导。在进行第二种方法的练习之前，人们必须先采用第一种方法。

（2）瑜伽松弛法

①仰卧放松功。身体仰卧，双腿分开，与肩同宽，脚尖自然向外，双臂自然放置于身体两侧，掌心向上；双目紧闭，全身放松，以自然的方式进行呼吸；每当吸气或呼气时，告诉自己，"我正在吸气或呼气"。

②俯卧放松功。俯卧于地，双臂高举，掌心向下，双目紧闭，全身舒展；将注意力集中在呼吸上，每当吸气或呼气时，告诉自己，"我正在吸气或呼气"。

③游戏式放松功。俯卧，头部向右旋转，双臂高举，十指相交，置于头部下方，右腿呈弯曲状，紧贴胸部；旋转双臂，左肘向上，右肘置于右大腿之上，头部靠在左臂的弯曲处；维持身体姿态；将身体还原为俯卧姿势；换左侧继续练习。

④仰卧伸展放松功。身体仰卧，双腿略微分开，双臂高举，掌心朝上，平放地面，眼睛紧闭，全身放松；吸气时，右臂及身体的右边向上延伸；呼出气息，将右臂及身体右侧还原至原始状态；吸气时右腿向下延伸；呼出气息将右腿恢复原状；换向左侧，进行相同的练习。

⑤动物式放松功。采用长坐式姿势，右腿向下弯曲，右脚紧贴于左大腿内侧；左侧下肢向后弯曲，而左侧足部则紧贴臀部；吸气，双臂向上举起，掌心朝前；呼出气息，身体前倾，额部轻触地面，保持姿态；吸入空气，使其恢复原状；换向左侧，进行相同的练习。

⑥婴儿式放松功。采用跪坐式姿势，双臂下垂，双手置于双脚旁，手掌心朝上，指尖向后；身体向前弯曲，腹部和胸部紧贴着大腿，前额轻触地面，双臂放松，保持身体姿势；恢复至跪姿。

⑦月亮式放松功。以跪姿坐立，双臂高举，掌心朝前；身体向前弯曲，额头轻触地面，保持身体姿势不变；恢复至跪姿。

⑧手抱膝放松功。身体仰卧，双腿屈膝，大腿紧贴胸部，双手十指交叉环抱双膝，双眼紧闭，全身放松，保持姿势；将其还原为仰卧状态。

⑨摇摆放松功。身体仰卧，双腿弯曲，大腿靠近胸腔；双手交叉十指，紧贴大腿下方，搂住双腿；低头，使身体来回摆动五次，顺势变成蹲姿。

⑩站立放松功。开立姿势，低垂头颅，下颌紧贴锁骨，双眼半闭，双臂、双手以及所有手指自然垂落；放松肩背、大腿、小腿肌肉，使全身得到放松，保持身体姿势；抬起头，将姿势还原为开立式。

（3）瑜伽冥想

瑜伽冥想，是通过向自身传递一种暗示的方式以克服物质欲望的方法，旨在获得内心的平和与宁静。瑜伽冥想练习，是将内心的思绪凝聚于一处，静止不动，排除杂念，逐渐找回自我，明晰自我，最终达到心灵愉悦和智慧的境界。

瑜伽冥想的体系相当丰富，其中包括广为人知的八支分法瑜伽和哈他瑜伽。然而，瑜伽中存在一种冥想体系，它既可以被视为上述体系的组成部分，也可以被视为一个独立的存在，即瑜伽语音冥想。语音冥想已经成为现代瑜伽最具实用性和价值的精髓。

通过进行瑜伽的冥想实践，能进行有效的身心调理，消除因精神紧张和忧虑引起的各种疾病，纠正许多有害于身心健康的不良习惯，故其成为预防身心疾病最有效的"良药"。

①瑜伽冥想的坐姿。打坐即是瑜伽中的冥想姿势。瑜伽冥想的坐法多种多样，其中最常见的坐法包括简易、至善、半莲花和雷电四种。

对于初学者而言，简易坐式是一种最为理想和适宜的瑜伽冥想姿势。由于其具有镇静安神的功效，至善坐式常被瑜伽练习者所采用。

所有瑜伽冥想方式均具有降低下肢血流量、减缓身体血液流速、缓解下肢僵硬和疲劳、滋养脊柱下半段、改善腹部脏器功能等功效。

在进行瑜伽冥想练习时，需要全身放松，腰背挺直，自然呼吸，脸上带着微笑，双目垂下，下巴微微闭合，舌头紧贴腭部，嘴唇轻闭，心境宁静，全神贯注。

②瑜伽冥想的手势。瑜伽冥想手势被视为一种融合了个体能量和宇宙能量的姿势。它具有多重属性，包括精神层面、情感层面以及信仰层面，但同时它也是一种简单的行为。通过进行瑜伽冥想手势的练习，练习者可以获得身心双重的健康，缓解紧张和忧虑的情绪。

在瑜伽冥想中，常见的手势包括智慧、大地、流体、能量和生命等多种形式。

A.智慧手势。采用至善坐式，将双手置于膝盖上，掌心朝上，大拇指和食指相互接触，其他三个手指自然伸展。

B.大地手势。采用至善坐式，将双手置于双膝上，掌心朝上，拇指和无名指相互接触，其余三指则自然展开。

C.流体手势。采用至善坐式，将双手置于双膝上，掌心向上，拇指和小指相互接触，其他三指则自然展开。

D.能量手势。采用至善坐式，将双手置于双膝上，掌心向上，拇指、无名指、中指相互接触，其余两指则自然地伸展。

E.生命手势。采用至善坐式，将双手置于双膝上，掌心向上，拇指、无名指、小指相互接触，其余两指则自然展开。

③瑜伽冥想的方法。

A. 语音冥想。曼特拉（Mantra）冥想是一种语音冥想，它由两个不同的部分构成。瑜伽语音有："噢毒""噢鸣—哈瑞—噢哮""哈里波尔—尼太—戈尔""玛丹那—莫汉那""玛丹那—莫汉那—木哇利—哈瑞波尔""戈帕拍—戈文达—哇玛—玛丹那—莫汉那"等。

在进行练习时，需特别留意以下几个要点：

a. 刚开始学习瑜伽语音冥想时应从最简单的"噢鸣"或"噢鸣—哈瑞—噢唉"开始。

b. 不必担心自己能否把瑜伽语音念诵得多完美准确，尽力去做同样会有好效果。

c. 规定每天念诵瑜伽语音的次数，日出之前或之际是每天练习的最佳时间。

d. 念诵瑜伽语音不宜太快或太慢。

e. 应选择一个安静、舒适、空气流通的场所练习。

B. 烛光冥想。将一支被点燃的蜡烛放置于身体前一臂距离的位置，使其高度与视线相等，将注意力集中在烛焰上，持续1~3分钟，眼泪会逐渐渗出，然后闭上双眼，尝试在眉心继续"注视"烛焰，并重复练习5次。通过不断的训练，可以缓解眼部疲劳，提升双眼的清晰度，增强视觉能力。

C. 睡眠冥想。在仰卧平躺的姿势下，身体充分放松，双眼紧闭，从脚到头再到脚，运用高度的意识和知觉能力缓慢地扫描全身，越慢越好，进行5到10次扫描。频繁地进行睡眠冥想，练习者的大脑能够在短时间内达到极度放松的状态，并进入深度睡眠状态，完全摆脱失眠的痛苦。

D. 进行呼吸性的冥思默想。以舒适度为主导，采用坐姿或卧姿，观察每次呼吸，保持头脑清醒，持续1至3分钟，反复练习5次。通过不断练习，可以有效恢复元气、补充能量和体力。

E. 音乐冥想。采用至善坐式，播放优美的音乐，闭上双眼，让身体在旋律的引领下轻盈舞动，经过3至5分钟，仰卧平躺于地上，沉浸在音乐声中，观察全身5至10分钟。通过不断的练习，可以有效地缓解抑郁情绪，帮助人们摆脱自我封闭的状态。

F. 进行情景下的冥思。采用至善坐姿，展开一幅自己喜爱的图画，将其置于前方 2～3 米的位置，使其与视线持平。经过 1 至 3 分钟的双眼凝视，仰卧平躺于地上，接着开始观察全身，持续 3 至 5 分钟。通过不断练习，我们可以缓解紧张和忧虑的情绪，从而提升自己的境界。

（二）普拉提

1. 普拉提训练准则

（1）专注力（concentration）

普拉提运动疗法是一种将身体和心灵融合在一起的运动方式，通过训练意志力来控制身体动作。它强调了"专注力"这个核心概念。毋庸置疑，专注力在身心上的重要性不言而喻，它有助于梳理思路、集中注意力、增强和培养应对突发情况的冷静能力。在普拉提练习开展的过程中，必须保证每一个动作的完成都是全身心投入的，在保证动作准确度的同时，还要对身体动作观察的敏锐度进行培养，从而使自身姿势正确性判断与动作自我纠错的多项能力得到建立与培养。

（2）控制力（control）

若在运动过程中缺乏对动作的掌控能力，那么不仅无法从运动中获得益处，反而可能会导致身体受损。普拉提运动疗法的动作并不随意或偶然，而是经过了意识性的引导，如头部位置、背部弧度、手指方向、手腕弯直、膝盖面向等，而非受身体支配的限制。

（3）流畅感（flowing movement）

想要有优雅的举止，就得从动作的流畅性开始。肢体动作的僵硬往往源于肌肉过度紧绷，限制了关节的活动范围，或者是由于肌力无法提供足够的支撑而导致的。若欲拥有优美的芭蕾舞姿，并改善僵硬的肢体动作，需从纠正身体不平衡入手。

（4）核心（centering）

普拉提运动疗法所指的"核心"是肋骨以下至骨盆的部位，这个部位又称作能量室。加强此部位的肌肉群可提高身体的稳定性及全身姿势的正确性。例如常穿高跟鞋的女士，因身体的重心前移，而造成骨盆前倾，小腿、大腿的前侧肌肉紧绷，若腹肌又不够强壮无法稳定骨盆的位置，则相当容易造成腰部的负担，引起腰椎疼痛等问题。交错骨盆部位的肌肉群包括了腹肌、背肌、臀肌、髋关节屈曲肌、髋关节伸展肌与髋关节内外侧肌，而这些肌肉群也是普拉提运动训练的重点。

2. 普拉提的课程形式

为了确保学员的安全和提高学习效率，采用一对一的教学模式是最为优越的授课方式。即便是团体课程，也可采用小班制的授课方式，每堂课的授课时间可控制在一小时左右。

（1）个人课程

这种授课方式，是由一位导师对一名学生进行指导。在普拉提的训练中，强调动作进行的过程和细节是至关重要的，因为许多看似简单的动作如果不了解其训练目的和动作的正确性，反而可能会导致不必要的运动伤害。通过个性化的一对一教学方式，教师可以更深入地观察每个人的肢体结构，加强训练目标，并根据个人的学习状况随时调整课程内容，以达到最佳的学习效果。

对于那些以康复运动伤害为目标的学生而言，确保训练过程的安全性显得尤为重要。对于初学者而言，建议从个人课程入手，因为指导教师可以通过深入观察和了解你的身体状况，为你提供更全面的指导。初学者的肢体评估通常由教师先行进行，包括但不限于肌力、柔软度、协调感、姿势正确性、肢体认知能力以及是否存在特殊的肢体畸形等项目。只有那些接受过专业训练的教师，才能通过仔细观察来判断那些潜在或已经存在的肢体问题。对于那些已经掌握了普拉提技能的人而言，将团体课程与个人课程有机地结合起来，可以有效地提高动作学习的准确性。

（2）团体课程

为了确保学员的学习效果，团体课程中的器材练习通常采用小班制的授课方式，由一名教师对3～4名学生进行指导。而大多数的垫上训练的课程会采用集体授课的方式进行，授课人数在10～15人。在参加团体课程之前，学员必须确保对该运动技巧有充分的了解和实践，才能充分受益并避免所谓的伤害。有经验者可依个人喜好和需要做选择。

3. 普拉提动作解析

（1）使颈部保持弯曲状态

①练习者在垫子上面仰卧，分开自己的双腿，保持与胯部同样的宽度；收紧自身的腹肌，保持骨盆的中立状态，自己的肩胛骨紧贴地面，同时打开胸部。

②练习者将自身的后颈部伸长，同时轻轻地用下巴去尽量与前胸接触；练习

者吸气，将头部通过腹肌的力量向上，微微地向前拉起。

③练习者呼气，向初始位置还原，通过腹肌来控制头部。

（2）使腹部保持弯曲状态

①练习者在垫子上仰卧，保持双腿的弯曲状态，且同胯部之间保持同样宽度；练习者的双手平放在地板上，手心朝下；吸气。

②练习者将后颈部伸长，使自身的腹肌收缩，在脑后枕住双手。

③练习者吸气，与此同时用双手扶住头部，向上连同肩胛骨在内翘起。

④练习者沿着骨盆方向，放松胸骨和肋骨的前部，使双腿伸直；练习者深吸一口气，同时保持身体原有的姿态不变，保持骨盆的平衡，将颈部和脊柱伸直；练习者呼出气息，回归初始状态，紧缩腹肌。

（3）练习者的伸腿练习

①练习者仰卧于垫子之上，保持双腿和胯部之间的同等宽度，弯曲左腿，将右腿伸直；紧缩腹肌，保持骨盆的平衡，紧贴肩胛骨于地面，同时展开胸部。

②练习者深吸一口气，将右腿抬升至超过45°即可，同时保持骨盆的中立性，放松脊柱。

③练习者呼出气息，将其右侧下肢还原至初始位置。在这段时间里，我们需要不断地收缩腹肌，需要注意的是肩胛骨与地面之间要始终保持接触；完成上述动作以后，再换成左腿，对上述的动作进行重复。

（4）桥式练习

①练习者在垫子上仰卧，双腿保持弯曲且平行的状态，双手平放于身体两侧，手心朝下；练习者深吸一口气，缓缓下沉至肋骨方向，肩膀挺直，腹肌收紧。

②练习者呼气，将骨盆抬起，使其与背脊的中央保持平行；收紧腹肌、臀肌和脚筋，使两只脚掌与地面完全接触。

参考文献

[1] 邱天，林水秋，陈晰. 高校体育创新思维的教学与实践 [M]. 厦门：厦门大学出版社，2020.

[2] 廖建媚. 高校公共体育教学环境研究 [M]. 厦门：厦门大学出版社，2019.

[3] 冯世勇，贾海翔，尹志强，等. 体育文化与实践研究 [M]. 北京：中国政法大学出版社，2019.

[4] 赵晓玲，程瑾，蒋嘉陵. 大学体育与健康教程 [M]. 重庆：重庆大学出版社，2018.

[5] 孙越鹏，宋丽丹. 高校体育教学理论及改革创新研究 [M]. 北京：新华出版社，2018.

[6] 马鹏涛. 高校体育教学改革创新与科学化训练研究 [M]. 北京：新华出版社，2018.

[7] 沈建敏. 体育教学创新与运动训练研究 [M]. 北京：新华出版社，2018.

[8] 贾振勇. 体育教学改革与实践应用探究 [M]. 北京：新华出版社，2018.

[9] 侯柏晨，谢勇，王焕珍，等. 大学体育 [M]. 北京：人民邮电出版社，2017.

[10] 张桂青. 大学生体育文化与技能实践 [M]. 北京：人民邮电出版社，2017.

[11] 邵伟德，李启迪，胡建华. 学校体育与体育教学目标再认识 [J]. 北京体育大学学报，2010，33（12）：98-100.

[12] 邵伟德，胡建华，沈旭东. 体育课程"身心教育一元论"原理构想 [J]. 体育与科学，2010（2）：85-89.

[13] 邵伟德，邹旭铝. 体育课堂教学目标设置的有效性与例析 [J]. 体育教学，2010（7）：22-24.

[14] 周卫，李林. 论体育教学环境的创建与优化 [J]. 体育科学研究，2004（4）：123-126.

[15] 吕超，阎杰，许世岩. 建构主义学习理论在体育教学方法中的应用设计 [J].

陕西理工学院学报（社会科学版），2006，24（4）：87-90.

[16] 张学林. 关于体育教学方法创新的研究[J]. 辽宁公安司法管理干部学院学报，2008（2）：78-79.

[17] 张显云，李德平. 创新教育理念 培育创新人才[J]. 中国成人教育，2008（5）：24-25.

[18] 施朝阳. 体育教学方法体系分类的思考[J]. 安徽师范大学学报（自然科学版），2008，31（6）：605-608.

[19] 周林清，于素梅，杜晓红，等. 刍议"教学法"与"教学方法"的非等同性[J]. 北京体育大学学报，2008（2）：232-233；241.

[20] 苏建. 浅谈现代体育教学方法设计的原则和要求[J]. 吉林省教育学院学报，2009，25（4）：40-42.

[21] 曾庆玲. "MOOC+翻转课堂"在高校体育舞蹈公共课教学中的应用研究[D]. 阜阳：阜阳师范大学，2022.

[22] 陈鹏. 高校体育教育专业篮球课混合式教学模式的构建与应用研究[D]. 大连：辽宁师范大学，2022.

[23] 刘金鑫. 运动教育模式在普通高校体育舞蹈专业课程教学中的应用研究[D]. 黄石：湖北师范大学，2022.

[24] 李苗. 基于深度学习的高校体育专业理论课堂教学设计与实证研究[D]. 昆明：云南师范大学，2022.

[25] 张帅. 翻转课堂引入高校体育教学的学理分析、价值透视及实践策略研究[D]. 徐州：中国矿业大学，2021.

[26] 郭宇锦. 高校体育保健课"三位一体"教学模式的构建与实践研究[D]. 西安：陕西师范大学，2021.

[27] 张园. 师生双重视角下高校体育专业在线教学质量评价及使用意愿研究[D]. 上海：华东师范大学，2021.

[28] 黄鹏. 高校体育俱乐部教学模式在湖北普通本科院校的探索与实践研究[D]. 武汉：武汉体育学院，2020.

[29] 苏万斌. 高校体育专业篮球理论课"翻转课堂"教学要素研究[D]. 桂林：广西师范大学，2018.

[30] 王国亮.翻转课堂引入普通高校公共体育教学的研究[D].北京：北京体育大学，2016.